KOCHI

47 都道府県ご当地文化百科

高知県

丸善出版 編

丸善出版

刊行によせて

　「47都道府県百科」シリーズは、2009年から刊行が開始された小百科シリーズである。さまざまな事象、名産、物産、地理の観点から、47都道府県それぞれの地域性をあぶりだし、比較しながら解説することを趣旨とし、2024年現在、既に40冊近くを数える。

　本シリーズは主に中学・高校の学校図書館や、各自治体の公共図書館、大学図書館を中心に、郷土資料として愛蔵いただいているようである。本シリーズがそもそもそのように、各地域間を比較できるレファレンスとして計画された、という点からは望ましいと思われるが、長年にわたり、それぞれの都道府県ごとにまとめたものもあれば、自分の住んでいる都道府県について、自宅の本棚におきやすいのに、という要望が編集部に多く寄せられたそうである。

　そこで、シリーズ開始から15年を数える2024年、その要望に応え、これまでに刊行した書籍の中から30タイトルを選び、47都道府県ごとに再構成し、手に取りやすい体裁で上梓しよう、というのが本シリーズの趣旨だそうである。

　各都道府県ごとにまとめられた本シリーズの目次は、まずそれぞれの都道府県の概要（知っておきたい基礎知識）を解説したうえで、次のように構成される（カギカッコ内は元となった既刊のタイトル）。

　Ⅰ　歴史の文化編
　　「遺跡」「国宝 / 重要文化財」「城郭」「戦国大名」「名門 / 名家」
　　「博物館」「名字」
　Ⅱ　食の文化編
　　「米 / 雑穀」「こなもの」「くだもの」「魚食」「肉食」「地鶏」「汁

物」「伝統調味料」「発酵」「和菓子 / 郷土菓子」「乾物 / 干物」
Ⅲ　営みの文化編
　「伝統行事」「寺社信仰」「伝統工芸」「民話」「妖怪伝承」「高校
野球」「やきもの」
Ⅳ　風景の文化編
　「地名由来」「商店街」「花風景」「公園 / 庭園」「温泉」

　土地の過去から始まって、その土地と人によって生み出される食
文化に進み、その食を生み出す人の営みに焦点を当て、さらに人の
営みの舞台となる風景へと向かっていく、という体系を目論んだ構
成になっているようである。
　この目次構成は、一つの都道府県の特色理解と、郷土への関心に
つながる展開になっていることがうかがえる。また、手に取りやす
くなった本書は、それぞれの都道府県に旅するにあたって、ガイド
ブックと共に手元にあって、気になった風景や寺社、歴史に食べ物
といったその背景を探るのにも役立つことだろう。
　　　　　　　　　＊　　　　＊　　　　＊
　さて、そもそも47都道府県、とは何なのだろうか。47都道府県
の地域性の比較を行うという本シリーズを再構成し、47都道府県
ごとに紹介する以上、この「刊行によせて」でそのことを少し触れ
ておく必要があるだろう。
　日本の古くからの地域区分といえば、「五畿七道と六十余州」と
呼ばれる、京都を中心に道沿いに区分された8つの地域と、66の「国」
ならびに2島に分かつ区分が長年にわたり用いられてきた。律令制
の時代に始まる地域区分は、平安時代の国司制度はもちろんのこと、
武家政権時代の国ごとの守護制度などにおいて（一部の広すぎる国、
例えば陸奥などの例外はあるとはいえ）長らく政治的な区分でも
あった。江戸時代以降、政治的区分としては「三百諸侯」とも称さ
れる大名家の領地区分が実効的なものとなるが、それでもなお、令
制国一国を領すると見なされた大名を「国持」と称するなど、この
区分は日本列島の人々の念頭に残り続けた。
　それが大きく変化するのは、明治維新からである。まず地方区分

ii

は旧来のものにさらに「北海道」が加わり、平安時代以来の陸奥・出羽の広大な範囲が複数の「国」に分割される。政治上では、まずは京・大阪・東京の大都市である「府」、中央政府の管理下にある「県」、各大名家に統治権を返上させたものの当面存続する「藩」に分割された区分は、大名家所領を反映して飛び地が多く、中央集権のもとで中央政府の政策を地方に反映させることを目指した当時としては、極めて使いづらいものになっていた。そこで、まずはこれら藩が少し整理のうえ「県」に移行する。これがいわゆる「廃藩置県」である。これらの統合が順次進められ、時にあまりに統合しすぎて逆に非効率だと慌てつつ、1889年、ようやく1道3府43県という、現在の47の区分が確定。さらに第2次世界大戦中の1943年に東京府が「東京都」になり、これでようやく1都1道2府43県、すなわち「47都道府県」と言える状態になったのである。これが現在からおよそ80年前のことである。また、この間に地方もまとめ直され、京都を中心とみるのではなく複数のブロックで扱うことが多くなった。本シリーズで使っている区分で言えば、北海道・東北・関東・北陸・甲信・東海・近畿・中国・四国・九州及び沖縄の10地方区分だが、これは今も分け方が複数存在している。

　だいたいどのような地域区分にも言えることではあるのだが、地域区分は人が引いたものである以上、どこかで恣意的なものにはなる。一応1500年以上はある日本史において、この47都道府県という区分が定着したのはわずか80年前のことに過ぎない。かといって完全に人工的なものかと言われれば、現代の47都道府県の区分の多くが旧六十余州の境目とも微妙に合致して今も旧国名が使われることがあるという点でも、境目に自然地理的な山や川が良く用いられているという点でも、何より我々が出身地としてうっかり「○○県出身」と言ってしまう点を考えても（一部例外はあるともいうが）、それもまた否である。ひとたび生み出された地域区分は、使い続けていればそれなりの実態を持つようになるし、ましてや私たちの生活からそう簡単に逃れることはできないのである。

＊　　　＊　　　＊

　各都道府県ごとにまとめ直す、ということは、本シリーズにおい

刊行によせて　　iii

ては「あえて」という枕詞がつくだろう。47都道府県を横断的に見てきたこれまでの既刊シリーズをいったん分解し、各都道府県ごとにまとめることで、私たちが「郷土性」と認識しているものがどのようにして構築されたのか、どのように認識しているのかを、複数のジャンルを横断することで見えてくるものがきっとあるであろう。もちろん、47都道府県すべての巻を購入して、とある県のあるジャンルと、別の県のあるジャンルを比較し、その類似性や違いを考えていくことも悪くない。あるいは、各巻ごとに精読し、県の中での違いを考えてみることも考えられるだろう。

　ともかくも、地域性を考察するということは、地域を再発見することでもある。我々が普段当たり前だと思っている地域性や郷土というものからいったん身を引きはがし、一歩引いて観察し、また戻ってくることでもある。有名な小説風に言えば、「行きて帰りし」である。

　本シリーズがそのような地域性を再発見する旅の一助となることを願いたい。

2024年5月吉日　　　　　　　　　　　　　執筆者を代表して

森 岡　　浩

目　　次

知っておきたい基礎知識　I

基本データ（面積・人口・県庁所在地・主要都市・県の植物・県の動物・該当する旧制国・大名・農産品の名産・水産品の名産・製造品出荷額）／県章／ランキング1位／地勢／主要都市／主要な国宝／県の木秘話／主な有名観光地／文化／食べ物／歴史

I　歴史の文化編　11

遺跡 12 ／国宝/重要文化財 18 ／城郭 23 ／戦国大名 27 ／名門/名家 35 ／博物館 39 ／名字 43

II　食の文化編　49

米/雑穀 50 ／こなもの 55 ／くだもの 58 ／魚食 63 ／肉食 66 ／地鶏 70 ／汁物 75 ／伝統調味料 80 ／発酵 85 ／和菓子/郷土菓子 90 ／乾物/干物 96

III　営みの文化編　99

伝統行事 100 ／寺社信仰 105 ／伝統工芸 111 ／民話 116 ／妖怪伝承 122 ／高校野球 128 ／やきもの 132

Ⅳ　風景の文化編　137

地名由来 138 ／商店街 143 ／花風景 149 ／公園/庭園 154 ／温泉 158

執筆者 / 出典一覧　160
索　引　162

【注】本書は既刊シリーズを再構成して都道府県ごとにまとめたものであるため、記述内
　　容はそれぞれの巻が刊行された年時点での情報となります

高知県

知っておきたい基礎知識

- 面積：7104km^2
- 人口：66万人（2024年速報値）
- 県庁所在地：高知市
- 主要都市：須崎、南国、四万十、宿毛、安芸、香南、土佐
- 県の植物：ヤナセスギ（木）、ヤマモモ（花）
- 県の動物：ヤイロチョウ（鳥）、カツオ（魚）
- 該当する令制国：南海道土佐国
- 該当する大名：土佐藩（山内氏）
- 農産品の名産：ナス、ミョウガ、ショウガ、ブンタン、ピーマン、キュウリなど
- 水産品の名産：カツオ、タイ、スズキ、ウツボなど
- 製造品出荷額：5,855億円（2020年工業統計）

● 県 章

土佐の「とさ」の字を図案化したもの。また、中央の白い部分は「コウチ」の「コ」の字に見立てられている。

●ランキング1位

・森林面積割合　林野庁の統計によると84％。全般的に山が多く、また日本列島において多くの県の森林率が7割程度の中でもかなり多い値である。江戸時代には木材は土佐の重要な産品であった。東部の安芸地域を中心として今も一部動態保存されている森林鉄道がある。なお、これは裏面としては「住める地域は少ない」という意味でもあり、県の可住地面積割合は16％と全国最小値である。

●地　勢

　　四国地方の南部、東は台風の上陸地としても名高い室戸岬から、西は四国の最南端にあたる足摺岬までの間に大きく入り込んだ土佐湾沿岸地域を占める。全国の中でも特に山地や森林が占める割合が高い。

　　主な平地は沿岸部にあるが、その大半は県中央部の、鏡川・物部川・仁淀川の下流に広がる高知平野であり、県庁所在地の高知市を筆頭として県全体の人口の7割近くが集中する。そのほか、東部には海岸段丘が発達した中に安芸平野が、西部には四万十川下流にある中村平野があるが、いずれも小さい。とはいえ、東部の中心地である安芸や、西部の中心地である中村（四万十市）はこの平地に発達してきた。

　　海岸線は西部にリアス海岸が多く、東部は海岸段丘が多い。特に室戸岬の周辺は南海地震の運動によって定期的に隆起と沈降を繰り返していることで有名である。この南海地震による津波は、たびたび高知県内に深刻な被害を与えている。中央部には浦戸湾が高知平野に向かって入り込み、土佐でも有数の良港を提供してきた。また、西部では宿毛や土佐清水が港町として発展している。

　　山は四国山地とそれに引き続く山並みがつづいている。四国の水がめといわれる早明浦ダムはこの山岳地帯のただなかに開かれている。この深山は高知県と外部をつなぐ陸路を大きく制限してきたが、当然ながら愛媛県東予方面にむかう「北山越え」や、内陸部の一中心地である佐川を抜けて松山へと向かう街道などいくつかの道が開かれてきた。また、この山岳地帯は高知に夏の台風などで多量の雨をもたらす一因となっている。

●主要都市

・**高知市**　高知県内最大の平地である高知平野の中ほどに江戸時代初頭に築かれた城下町に由来する県庁所在地であり、市域に県の全人口の半分が集中する一極集中都市。そもそもは「河内山」に由来するともいわれる通り洪水の常襲地帯であった。現存12天守の一つに加えて国内でも珍しい本丸御殿が残る高知城を中心に、町割には城下町時代の名残が多い。

・**四万十市**　清流四万十川の流域に位置する、西部の幡多地域の中心地。中心市街地である中村は、戦国時代に自らの荘園があった土佐へと京都から避難してきた公家である一条氏によって、京都をモデルにした町割りがなされたことで知られている。

・**宿毛市**　県の最も西側にある港町。現在の都市は江戸時代に土佐藩領のうち、隣国の伊予（愛媛県）や豊後水道に接するこの辺りを管轄するために藩主の分家がおかれた城下町に由来する。港町としては近畿から太平洋経由で九州に向かう船の寄港地としてにぎわったが、それゆえに陸路交通の便が近年まで非常に悪かった。

・**安芸市**　県東部の安芸地域の中心都市。より詳しく見ると、戦国時代以来の安芸城（安芸土居）とその武家屋敷町に由来する土居地区や、港町として栄えた安芸地区などからなる。

・**須崎市**　高知市からやや西、戦国時代以来周辺地域の中心地として土佐屈指の港町として栄えた都市。また、カツオを中心とした漁業の町でもある。

・**土佐市**　仁淀川の下流の小平野にある都市。戦国時代以来の市町である高岡を中心としている。南部の宇佐は江戸時代後期に鰹節の産地となったことでも知られる港町。

・**南国市**　高知平野の東側、古くは土佐国府などもあった一帯。中心部の後免地区は江戸時代初期に平野東部の商業中心地として発展させるために税や諸役を免じた（御免）ことで発展したことからこの名がある。

・**香南市**　南国市のさらに東側、旧香美郡南部地域が平成の大合併でできた市。北隣の香美市は漫画家やなせたかしのゆかりの地であり、香美市立やなせたかし記念館（アンパンマンミュージアム）がある。

●主要な国宝

・古今和歌集巻第廿（高野切本）　高知県立高知城歴史博物館に所蔵。平安時代の和歌集『古今和歌集』の中でも最古の写本とされ、11世紀のものと推定されている。「高野切」という名は、この写本と同系統とみられるものの断片（切れ）を、豊臣秀吉が高野山の高僧に寄贈したことに由来しており、実際、この写本もその豊臣秀吉に仕えた山内一豊を祖とする土佐藩主山内家に伝来した。

・豊楽寺薬師堂　中央北部の山岳地帯である長岡郡大豊町にある、平安時代後期（1150年ごろ）の寺院建築。こけら葺きの屋根などで知られる、四国全土で現存する中でも最古の建築である。寺自体も、奈良時代に聖武天皇の勅願によって建立されたという伝承を持つ。

●県の木秘話

・ヤナセスギ　県の東部安芸地域の内陸部、馬路村魚梁瀬の一帯でとれる杉を指す。夏の台風そのほかが四国山地にぶつかって雨量が多く温暖なこの一帯では樹林が育ちやすく、安土桃山時代には京都の方広寺大仏殿を造営するにあたってその巨木が提供され、一躍土佐木材の名を高めたという伝承がある。現在でも森林鉄道が動態保存されており、また山岳地域ではゆずが名産として名高いなど、今も生活の基盤が山とその産物の外部からの需要にある一帯である。

・ヤマモモ　太平洋岸の温暖な地域を好む常緑樹で、実は甘く食用になる。高知県内の街路樹にも多い。県の花は1954年、当時の日本植物友の会、NHK、国が協力して選定したものなのだが、その選定にあたった委員長は高知県佐川の出身である高名な植物学者、牧野富太郎であった。近年放送された彼を題材にした連続テレビ小説『らんまん』でも、主人公の妻が開いた料亭の前にヤマモモを植えた、という描写がある。

●主な有名観光地

・四万十川　国内屈指の清流として知られる川。その距離に比して周辺人口が少なくまた流域に山が続き、その水質が（近年やや低下したとはいえ）保たれてきた。高知県ではこれ以外にも、土佐市に向かう仁淀川上流の色が近年「仁淀ブルー」と称されるなど、水質の良さで知られた川が多い。

・**高知城** 高知市中心部にそびえる丘の上に立つ城。現存12天守の一つである天守閣に加え、江戸時代中期の再建となる本丸御殿が今も現存しており、藩主が座した上段の間なども見学できる。また、市内は高知大空襲の被害を受けたものの、1690年ごろから始まるとされる日曜市は、今も高知城追手門から延びる「追手筋」で盛んにおこなわれている。

・**室戸岬** 切り立った崖と海岸段丘で名高いこの一帯は、高僧空海が悟りを開いた洞窟などの霊場や灯台などが多いことでも知られている。

・**足摺岬** 土佐清水市にある、四国本島のほぼ最南端ともされる絶壁の岬。全国の中でも特に黒潮の流れに近い場所として知られ、古くは霊場ともされた。なお、周辺の陸路は悪く、あの空海すら見残したという伝承もある海岸がある。

●文　化

・**よさこい節** 「土佐の高知の播磨屋橋で／坊さん 簪 買うを見た」という歌詞が有名な民謡は、江戸時代ごろにざれ歌として成立したことは確からしいが、由来については高知城築城の際の木やり歌、薩摩のカツオ漁師の歌の伝来など諸説がある。特に有名なのは8月中ほどに、鳴子を両手に高知市のみならず高知県、さらには全国から集まった踊子が踊る「よさこい祭り」。北海道の夏祭りとしても有名な「よさこいソーラン」はよさこい祭りをきっかけに始まった。

・**坂本龍馬** 高知県の観光プロモーションに頻繁に出てくるものとしては、高知市桂浜（浦戸湾の入り口付近）にある坂本龍馬の銅像が有名である。除幕式が行われたのは1928年と意外にも古く、当時無名だった彼の「船中八策」や、薩長同盟成立への役割を当時早稲田大学に通っていた土佐出身の学生が評価しようとしたことが発端となっている。その後、時代によって評価は多々変動するものの、少なくとも彼が高知と外界との関わりにおいて、当時を生きた人間としての多数の資料を残していることは間違いない。

●食べ物

・**カツオ** 古くからその加工品が土佐からの献上品とされるほどに名産地であった。須崎や土佐清水、室戸などを拠点として一本釣り漁に代表される漁獲が行われている。特に有名なものとしては、現代のものに近い微付

高知県　知っておきたい基礎知識　5

けの製法を初めて創り出した鰹節、表面のみを焼いて「これは刺身ではない」と言い逃れして藩の刺身禁止令を回避しようとしたという伝説があるカツオのたたき、内臓を用いた塩辛である酒盗などがあげられる。

・皿鉢料理　大きな皿に刺身やすし、揚げ物やあえ物などを盛り合わせて提供する宴会料理。江戸時代に武家で発祥したものが近代以降民間にも広まっていったらしい。重要なのは「大きな皿」という点で、このため近年では洋食や中華まで盛り付けることもある。なお、宴会に関連して、高知県は気候が温暖ながらすでに平安時代から酒を造っていたらしい記録があり、たびたび近畿や広島の杜氏を招いて品質向上も図られている。酒飲みとしては「鯨海酔侯」とも称された幕末の土佐藩主である山内容堂が有名である。

●歴　史

●古　代

四国地方の中でも特に陸上交通の便が悪いことで知られる高知県だが、ほかの県同様に人は住んでおり、縄文・弥生時代の遺跡は多数見つかっている。ただ、古墳時代に関しては、四国のほかの県にはある前方後円墳が現在まで発見されていない（宿毛市に疑いがあるものがあるが、墳丘が失われている）。ただし古墳自体は中央東部の朝倉古墳（高知市）などが発見されており、四万十川の流域でも祭祀の遺跡が見つかっている。このことは土佐（高知平野周辺地域）と幡多（四万十川流域）にそれぞれ国造（朝廷に一定地域の支配を認められた古代の豪族）がいたとする伝承とも比較的整合性はある。

『古事記』の編纂時期である飛鳥時代には、すでに現在の県域をもって土佐とみなす形は成立していたようであり、国府は今の南国市のあたりとみられている。すでにこの時代から、高知県は南海地震の被害を受けており、信頼できる記録が残る南海地震としては最古のものとされる白鳳地震（684年）について、『日本書紀』では土佐の多数の田畑が海水を被る被害を受けたと記されている。

陸上交通があまりにも不便な土佐国は、そのために流刑の罪人の中でも最も重いものを流す「遠流」の国に指定されていた。また、人里離れた場所という点では、四国に八十八か所の霊場を開き修行したといわれる高僧

空海が悟りを開いたのも、室戸岬近くにある洞窟だったとされる。

　海の方はある程度開けており、すでにカツオはこの時代からその煮汁による調味料ともども土佐の名産とされていた。また、南海道の本線から土佐に至る陸路のほぼすべてが峻険であるため、土佐国外との連絡には海路もよく用いられた。古典文学上で有名な『土佐日記』は紀貫之が土佐国司の任を終えての帰路のことを題材とした日記文学だが、彼もまた、高知平野にあった国府から浦戸湾にあったと推定される港へと向かい、東部沿岸と阿波沿岸を経由して京都へと向かっている。

●中　世

　他国同様に土佐国にも荘園が設置されていたようだが、流刑になるものも多い土佐では、治承・寿永の乱に先立って源頼朝の弟とされる希義が蜂起して鎮圧されたという記録もある。この時代の土佐では、後に地方の土豪となる香宗我部氏がこの時代に中央部に配されたこと、また西部の幡多郡に藤原氏の所領として開かれていた荘園が紆余曲折を経てその流れをくむ一条氏の伝来になっていたこと、また承久の乱（1221）では土御門上皇が、父後鳥羽上皇が流された以上、自分も流罪になるべきであると自主的に土佐に向かったこと（後に幕府も気をつかい、近畿に比較的近い阿波〔徳島県〕でよいことになる）などが語られている。

　その後、南北朝の内乱を経て、土佐国守護には近畿・四国地方の諸国の守護職を主に保有した三管領（室町幕府において、将軍の補佐職たる管領につくことを許された名家）の一角、細川氏が就くことになる。この室町時代、浦戸港は中国貿易の航路の一角を占める港町として繁栄した。瀬戸内航路は主に中国地方西部を支配して筑前博多商人とのかかわりが強い大内氏の影響が強かったために、それを避けようとした細川氏主体の貿易船、特に和泉堺（大阪府）の商人がこの太平洋沿いに浦戸、同じく土佐国内の四万十川河口の下田港、さらに薩摩国坊津（鹿児島県）を経由して中国に向かう航路を使用したのである。

　近畿と土佐をつなぐ海路のつながりはこの後も続く。戦国時代に細川氏は守護としての実権を失い、後に土佐や四国を統一する長宗我部氏を含めた7つの豪族が国内に割拠するが、このうち西部の幡多郡を支配した一条氏は先ほど述べた同郡を荘園としていた公家一条氏の流れであり、応仁の乱で京都から移って勢力を築いた後も京都との連絡を保ち、中村の町など

はそのためにかなり京都文化の影響を受けたのであった。当然この連絡には、下田港に寄港する船が寄与したことは想像に難くない。

　県中央部の長岡地域（高知平野中央北部）を基盤とした長宗我部氏の当主元親が土佐全土を統一するのは1574年のことだが、結果的には戦国時代も後期の事となった。このため、一時的に統一した四国からも結果的に豊臣秀吉への降伏後に土佐一国に減封されている。とはいえ、この後も城下町や国内統制の整備など多々取り組みが行われる。

　しかし、元親の死の翌年の1600年、関ヶ原の戦いが勃発。後を継いだ盛親はこの時西軍につき、結果としては戦いに参戦できなかったものの、土佐から改易されるという事態となる。

● 近　世

　代わって土佐一国の大名となったのは、本来は豊臣家に近い大名だった山内一豊であり、彼によってこれ以降の土佐の中心地となる大高坂城、すなわち高知城と城下町の整備が行われた。ただ、外様ということもあって手伝普請や大坂の陣への出兵などが重なり、土佐藩は当初から財政難に陥る。このことなどから早くから土佐では財源となる山林・木材の厳格な藩による管理や、茶などの専売制、また各地の平野の新田開発が行われている。特に初期の家老、野中兼山によるものは、その苛烈さと結果としての業績の大きさ、そしてその子孫が反動で恨みを買い宿毛に長らく幽閉されたことなどに至るまで特に語られるものになっている。この時の殖産興業策は、後々に至るまでカツオや和紙、木材など土佐の地場産業の基盤となった。

　また、この時代によく語られるのが、土佐藩における上士と郷士の制度である。近年まで一般的であった語りでは、山内家入国と共に入った家臣団を主とする上士と、長宗我部氏の家臣を主とする土着の郷士とには大きな身分差があり、その対立は幕末までつづいたといわれていたが、実際のところはそう単純でもなかったことが近年わかっている。つまり、確かに山内氏入国にあたって浦戸城を占拠した武装抗議である浦戸一揆に多くの長宗我部氏家臣が参加し、また敗れて処刑されたものも多数というところは事実ではあるが、一方で家臣のうち重臣層は新藩でも家臣として取り込まれたこと、郷士制度は残る家臣への懐柔策であったこと、後半に向かうに従い郷士として取り立てられたり郷士株（郷士としての権利）を買った

りする豪農や豪商も増え、また役人として取り立てられるものもいたことなどが判明しており、二分法はあまりにも単純化しすぎているようである。実際藩領がかなり広いため、安芸の土居や宿毛、中村をはじめ、事実上の城が高知以外にも設けられており、そこにいる地元武士も多かった。

　また、海と海路はこの時代も重要で、当時大坂に流通する木材の多くを占めたという土佐木材は海路で運ばれていき、室津や土佐清水は当時としては遠洋となるカツオ漁などでにぎわった。その中でも土佐清水から漁に出たところシケにあい黒潮に乗って漂流し、捕鯨船に救助されてついにアメリカまでもたどり着いたジョン万次郎は多くの人に記憶されている。

● 近　代

　幕末の土佐は時の藩主である山内容堂が「四賢侯」といわれるほど政治に熱心であったこともあり、主要大名の幕政への関与の主張や人材の輩出など、明治維新において「薩長土肥」こと重要な諸藩（薩摩、長州、土佐、肥前）の一角に数えられるほどの重きをなしている。一方で藩内はややごたついており、土佐勤王党による重臣吉田東洋の殺害とその報復としての粛清、その少し前の有名な坂本龍馬の脱藩なども起こっている。

　ともかくも土佐藩の出身者からは後藤象二郎や岩崎弥太郎、板垣退助をはじめとして明治時代において大をなす多くの人材を輩出することになる。高知県の設置は廃藩置県と同じ1871年、その後1876年に一時的に旧阿波国が編入されるものの、1880年には分離して現在の県域が確定した。

　これ以降の高知県は、農林水産業を主体とする南国の県としての歴史をあゆむ。その歴史上、立志社をはじめとして明治自由民権運動の一つの始まりになったのも、高知県であった。現代、かつてのような海路は高速化したり衰退したりしたが、深い森林を利用した木材加工業、温暖な気候による野菜などの盛んな生産、カツオ漁などの水産業が盛んである。また、中村・宿毛での土佐くろしお鉄道（四万十くろしおライン）を利用した観光や足摺岬、室戸岬や四万十川などに代表される自然はいまだ健在であり、多くの観光客をひきつけている。

【参考文献】
・荻慎一郎ほか『高知県の歴史』山川出版社、2012

I

歴史の文化編

遺 跡

松ノ木遺跡（松ノ木式土器）

地域の特色　高知県は、四国西部に位置する。四国山脈が東西に連なり、南は太平洋に面し、東は香川県、徳島県、北は愛媛県に接する。県内の面積の約80％が山地であり、平野は河川流域に存在する。河川は四万十川、中筋川、後川、新荘川、仁淀川、国分川、物部川などが土佐湾へと流れ込んでいる。なお、北部には吉野川の源流があり、東流する。四国山地と太平洋に囲まれることから、文化的に交流が先進地に比べ遅れる傾向が指摘されるが、その交流範囲は決して狭くはない。

　高知県には約2,500カ所の遺跡が確認されている。そのうち旧石器時代の遺跡は洞穴遺跡などが認められるが数は少ない。また、縄文時代の遺跡は河川流域の段丘上あるいは砂丘上などに見られるものの、やはり遺跡数は多くない。他方、弥生時代の遺跡は、中村平野の広がる四万十川、中筋川などの流域や、高知平野の仁淀川、国分川、物部川の中・下流域などに多く認められており、その数も多い。古墳の数は多くはないが、特に香長平野に位置している。

　古代においては南海道に属する土佐国が位置し、かの紀貫之が国司として赴任した地でもある。現存する土佐国分寺近傍に国庁もあったと考えられる。鎌倉時代以降は摂関家の一条家が幡多郡に幡多荘を置くなどし、室町時代には細川氏が守護を務めたが、戦国期に入り、一条氏やいわゆる「土佐七雄（土佐七豪族）」とも呼ばれる本山氏、安芸氏、吉良氏、津野氏、長宗我部氏、香宗我部氏、大平氏などの勢力が拮抗した。その後、長宗我部元親が土佐1国を統一し、ついには四国の大半を支配下に治めた。豊臣秀吉の四国征伐によって長宗我部氏は土佐1国のみを安堵された。しかし関ヶ原の戦いにおいて、元親の四男であった盛親は西軍に与し、改易された。その後、山内一豊が入部し、20万2,600石が江戸時代を通じて山内氏の支配する地となった。なお長宗我部氏旧臣が、山内氏の支配に馴染まず、反抗に備え領内の要衝の地に重臣を配した。

凡例　史：国特別史跡・国史跡に指定されている遺跡

明治維新後、本藩たる土佐藩と支藩の高知新田藩、重臣であった五藤家の中村藩などの所領は、1871年、廃藩置県により一括して廃止され、高知県が設置された。1876年に名東県が分割された際に、現在の徳島県にあたる阿波国の部分が高知県に編入された。しかし、1880年、阿波国部分が再び徳島県として分離され、現在の高知県域が確定した。

主な遺跡

不動ヶ岩屋洞窟遺跡
（ふどうがいわやどうくつ）

＊高岡郡佐川町：聖嶽山の中腹、柳瀬（尾川）川上流の標高約80mに位置　**時代** 縄文時代草創期〜早期　**史**

　1964年、67年に発掘調査が行われた石灰岩の洞穴遺跡である。尾川川との比高差は約40mを測り、洞穴は南に開口する。高さ6mで2洞に分かれており、第1洞は奥行8mで逆U字形を呈する。第2洞は第1洞の側壁部に開口し、幅4m、高さ2m、奥行8mの支洞である。遺物は縄文時代草創期と早期の土器が混在して出土し、特に草創期は細隆起線文土器、押圧線文土器、条痕文土器などが検出されている。石器には有舌尖頭器、掻器、矢柄研磨器、局部磨製石斧などが認められた。特筆される遺物としては、縄文時代早期のタカラガイ、イモガイの装身具類が検出されている。なお洞窟名は、江戸時代には第1洞に不動尊を祀っていたことに由来する。本遺跡より4kmほど柳瀬川下流の城、台洞穴遺跡（佐川町）は縄文時代早期の洞穴遺跡で、人骨や動物遺体が検出されており、なかでもオオカミとされた骨は、調査した長谷部言人により「佐川狼」と命名され、著名である。なお、旧石器の石器群を層位的にとらえた遺跡としては、奥谷南遺跡（南国市）があり、ナイフ形石器や細石刃、細石核が出土しており、また縄文時代草創期の隆帯文土器も出土している。

宿毛貝塚
（すくも）

＊宿毛市：願成寺山の山麓の台地上、標高約5m付近に位置　**時代** 縄文時代後期　**史**

　1891年に寺石正路によって発見され、戦後本格的な調査が行われた。1949年の調査で貝塚が東西に分布していることが判明している。ハマグリ、ハイガイ、カキを主体とし、縄文後期の土器や石錘、打製・磨製石斧、石匙、スクレイパー、凹石、砥石、土偶、玦状耳飾、貝輪、骨製笄、石鏃、ヤスなどが出土している。県内の貝塚では、縄文晩期の中村貝塚（中村市）も著名であり、上部はヤマトシジミ、下部はハマグリ、カキを主体とする貝層をもつ。下部貝層の花粉分析においてイネ科の花粉が検出され

話題となったが、その評価には議論がある。

広瀬遺跡(ひろせ)
＊四万十町：四万十川中流の河岸段丘上、標高約70mに位置
時代 縄文時代前期〜後期

1963年、71年に発掘調査が実施され、土器のほか石斧、石鏃、スクレイパー、叩石、砥石、土製品が検出された。特筆されるのは大量の礫石錘(れきいし)(おもり)が出土したことで、鮎などの淡水漁労に伴うものと評価されている。また、土器には九州系の轟B式土器も見られたほか、豊後水道文化圏、瀬戸内系の土器が認められる。なお、縄文時代後期の片粕遺跡（土佐清水市）は砂丘上の遺跡であるが、大型の礫石錘が検出されており、地引網の錘として使用された可能性も指摘されている。なお、特筆される遺物として、高さ2.7cmの岩偶(がんぐう)が出土している。

松ノ木遺跡(まつのき)
＊長岡郡本山町：吉野川左岸の低位段丘上、標高約250mに位置
時代 縄文時代前期〜後期

1990年に農道拡張工事に伴い発見され、継続的に調査が行われている。土器、石器が多数検出され、特に主体は縄文時代後期前葉の土器で、深鉢、注口土器、双耳壺(そうじこ)などが認められ、南四国を代表する標識遺跡として評価されている。この松ノ木式土器(まつのきしき)は、九州各地や島根県、三重県などでも認められており、それらの関係をとらえるうえで注目を集めている。なお、弥生時代後期から古墳時代初頭の竪穴住居跡も検出されており、集落としての継続的な土地利用の可能性を示唆している。

入田遺跡(にゅうた)
＊中村市：四万十川下流の右岸の河川敷、自然堤防上の標高約8mに位置
時代 縄文時代晩期〜弥生時代前期

1935年に堤防築造に伴い、遺物が発見されたことに始まる。1952年以降、発掘調査が実施され、縄文時代晩期の突帯文をもつ土器は入田B式土器、共伴する弥生土器は入田Ⅰ式土器とされ、その標識遺跡となった。打製石斧・石鏃、叩石なども検出されたほか、入田B式土器の底部にイネ籾の圧痕が認められ、続く入田Ⅰ式土器には北九州系土器との関わりが想定されている。南四国における水田稲作文化の普及過程をとらえていくうえで、重要な遺跡といえる。なお、四万十川上流の窪川台地では銅矛が多数出土し、高岡神社をはじめ神宝として伝世するものが多く認められる。現在でも銅矛が祭儀に用いられることもあり、興味深い。

田村遺跡群(たむら)
＊南国市：物部川右岸の扇状地や自然堤防上など、標高6〜8mに位置
時代 弥生時代前期〜後期

高知空港の整備に伴い、1979〜83年にかけて発掘調査が複数の地点に

わたり実施された。四国でも最大級の集落遺跡群であり、弥生時代前期初頭の竪穴住居跡や掘立柱建物跡が検出されているほか、中期〜後期の竪穴住居跡も多数検出されている。前期初頭の遺跡からは、土器のほか、石鏃や九州から搬入されたと考えられる石斧や石包丁なども検出されている。別の地点では、前期中葉の水田跡が検出され、畦畔の痕跡や弥生人の足跡なども見られ、当時の水田稲作技術を知るうえで大きな意味をもつ。後期の住居跡からは、後漢鏡の破砕片が発見されるなど、当該地域の水田稲作文化のあり方を考えるうえで重要な遺跡群である。

なおシマイテン遺跡からは、縄文時代後期の土器や多数の打製石斧が検出され、石鏃がサヌカイト製であるなど、瀬戸内系の文化的影響を想定されている。加えて、時代は下るが、中世と考えられる溝で区画された遺構が検出されており、守護代細川氏の家臣団や在地名主層に関わる遺構と推定されている。

狭間遺跡 （はざま）
*南国市：国分川左岸、丘陵の尾根上、標高83mに位置
時代 弥生時代中期

いわゆる高地性集落とされる遺跡で、竪穴住居跡や土器、姫島産と推定される黒曜石が検出されている。なお、本遺跡の直上に狭間古墳が構築されていた。木棺直葬墓で3基認められた。副葬品はなく、土師器片（はじき）のみであった。田村遺跡群を一望する位置にあり、周囲には標高280mに位置する笹ヶ峰遺跡（南国市）が存在するほか、中世には朝倉城と呼ばれた山城の位置した場所より、弥生時代中期から後期の竪穴住居跡を検出した城山遺跡（高知市）、九州を遠望できる県最西端の標高260mに位置する弥生時代中期のムクリ山遺跡（大月町）など、防御性の高い、いわゆる高地性集落遺跡の存在が認められる。これらの遺跡では、水田稲作に関わる遺物が出ない遺跡もあり、その性格については議論がある。なお、石灰洞で石灰にまかれた弥生土器が発見されたことで著名な龍河洞（りゅうがどう）（香美郡土佐山田町）は三宝山（322m）の中腹、標高約180m付近に位置する高地の遺跡である。

古津賀遺跡 （こつか）
*中村市：四万十川支流、後川の左岸、標高約5mに位置
時代 弥生時代

1956年に堤防工事に際して発見され、発掘調査が行われた。遺物としては、須恵器（すえき）、土師器（はじき）、手捏土器（てづくねどき）、土製模造鏡、有孔、円板などが出土し、祭祀行為に伴う遺跡として評価されている。また、本遺跡より2km上流の佐岡春日神社前遺跡も祭祀遺跡とされる。これらの遺跡の特徴として、

I　歴史の文化編　　15

木柱を長方形に四隅に打ち込んで、いわゆる「斎庭」をつくり、祭具を配置している遺構が認められている。

曽我山古墳 （そがやま）
*宿毛市：四万十川支流、中筋川上流の右岸、小丘陵、標高20mに位置 **時代** 古墳時代前期

　1947年、平田中学校の造成に際して発見された。全長約60m、後円部径30m、高さ3mほどで、高知県内有数の前方後円墳であったと推定されるが、後に削平されて現存しない。造成時の証言として、礫により構築された遺構が認められたとされることから、礫槨を有する古墳であったと想定されている。仿製の獣首鏡の破片と獣形鏡、鉄刀および鉄矛が出土した。中世の土師器もともに出土し、盗掘された可能性が指摘されている。この古墳から東へ700mほどに高岡山古墳群（宿毛市）と呼ばれる2基の円墳が所在する。いずれも粘土と礫によって構築された槨を有し、遺物は1号墳では青銅製品や勾玉、2号墳では舶載鏡、石釧、玉製品、ガラス玉などが検出されている。この2基と曽我山古墳では、墳丘に埴輪は認められず、墳丘部に土師器壺破片が多く認められる。4世紀末から5世紀の築造と考えられ、土佐において当該地域が当時の中核的な位置にあったことを示唆する古墳といえる。

小蓮古墳 （こはす）
*南国市：比江山断層線の南麓、標高20mに位置 **時代** 古墳時代後期

　現存する県内最大級の横穴式石室をもつ後期古墳。南北28m、東西22m、高さ7.13mの楕円形を呈する円墳であり、後世の削平を一部受けている。1972年に発掘調査が行われ、石室は墳丘長軸に沿って築造され、両袖式の横穴式石室である。石室の全長は10.8mで、側壁の高さは3.14mを測り、玄室は長軸7.6m、短軸2.1mを呈する。遺物としては、須恵器の坏、蓋、直口蓋、直口壺などのほか、金銅中空玉、金環、鉄刀子、鉄鏃、辻金具、轡などである。

　この小蓮古墳から北北西へ約500mに位置する舟岩山古墳群は、土佐最大級の古墳数を有する。22基の古墳は舟岩山とその周辺の小山丘の斜面に位置し、1967年に12基の古墳の調査が行われた。すべて円墳であり、1号墳は径18m、最も大きな横穴式石室をもつ。石室の高さは2m、長さは羨道を含めて6.4mを測る。須恵器や土師器、鉄刀、鉄鏃、金環、ガラス製丸玉、轡、杏葉、雲珠などがあり、築造年代は6世紀後半と考えられている。ほかの古墳もおおむね6世紀後半から7世紀初頭にかけての築造であり、土佐国府や国分寺跡も近いことから、土佐国における古代の中心地

としての位置を示唆するものといえる。

土佐国分寺跡

＊南国市：国分川右岸の扇状地の中央部、標高約20mに位置　時代　奈良時代　史

　1977年、78年より発掘調査が行われ、瓦溜や土師器、須恵器、木串に刺さった富寿通寳10枚などが検出された。伽藍配置の位置は確認されていないが、現在も寺院の位置する土塁区画内（南北137m、東西151m）が当初からの寺域であると想定されている。なお、東南約1kmには、塔心礎が残る比江廃寺が存在している。使用された瓦は須江古窯群（土佐山田町）で焼成されたと考えられている。

　この国分寺より東へ500mほどに土佐国府跡が存在したと想定されている地域があるものの、現在のところ明確な痕跡は発掘されていない。

I　歴史の文化編　17

国宝／重要文化財

空海（八祖像）

地域の特性

　四国地方の南部に位置し、南側を太平洋に面している。北側の四国山地と南側の土佐湾にはさまれて、弓状の形状をしている。平地は少なく、物部川、国分川、鏡川、仁淀川の下流に広がる高知平野、四万十川下流の中村平野、安芸川下流の低地などしかない。高知平野は古くから政治・経済・文化の中心地で人口も多い。工業も盛んだが、地場産業中心で近代工業化は進展していない。四国山地の山間部は、傾斜地で焼畑による耕地化が進められた。林業を主とする山村が多く、過疎化が著しい。長い海岸線に沿って漁業が発達し、特に土佐清水や室戸などの漁港では、遠洋マグロ船が南太平洋、インド洋、大西洋にまで出漁している。

　古代律令制のもとで、中央から派遣された土佐国司の中で有名なのは、歌人の紀貫之である。930年から4年間国司を務め、任期終了後に土佐から京へ帰るまでの、約50日間の旅行を記録したのが『土佐日記』である。鎌倉時代に守護が次々に代わり、室町時代になると細川氏が勢力を伸ばした。土着豪族の長宗我部氏が優勢となって土佐を統一し、さらには四国全域をも支配したが、豊臣秀吉に敗れた。江戸時代には山内氏の土佐藩24万2,000石と、その支藩があった。明治維新の廃藩置県で高知県が置かれた。1876年に名東県（徳島県）が廃止されて高知県に合併されたが、1880年に徳島県が分離されて、現在の高知県ができた。

国宝／重要文化財の特色

　美術工芸品の国宝は2件、重要文化財は67件である。古刹である竹林寺、金剛頂寺、北寺に、仏像そのほかの重要文化財が多く収蔵されている。概して重要文化財の古い仏像が多いが、そのいくつかは秘仏となっている。建造物の国宝は1件、重要文化財は20件である。江戸時代中期の宝永年間（1704～10年）に、土佐国には神社約2,700か所、寺院は約900か所あった。

18　　凡例　●：国宝、◎：重要文化財

幕末に寺院は約600か所となったが、明治維新の廃仏毀釈で、約8割の寺院が廃寺になったいう。風水害を受けやすい過酷な環境もあって、古い建造物はごくわずかしか残っていない。

◎増長天立像・多聞天立像

高知市の竹林寺の所蔵。平安時代後期の彫刻。竹林寺は山号を五台山と称し、江戸時代には土佐藩主山内氏の帰依を受けて栄えた。禅宗様の本堂は2代藩主山内忠義によって造営された。本尊は文殊菩薩及侍者像で、文殊菩薩坐像は秘仏として本堂の厨子内に安置されている。寺には古い仏像が多数伝わり、宝物館には17体の重要文化財の仏像が奉安されている。平安時代後期から室町時代までの阿弥陀如来、薬師如来、十一面観音、千手観音、大日如来、大威徳明王、愛染明王、白衣観音、馬頭観音など、さまざまな尊像がある。増長天立像・多聞天立像は平安時代後期の像高約90cmの小型の仏像で、大きな兜をかぶり、鎧を身につけて脚の下に邪鬼を踏みつける。両像はほとんど左右相対する形姿をしていて、四天王像としてではなく、当初から二天王像として制作されたと考えられている。胸部や胴部の着衣・装具は浅くて控えめな彫りであるが、腰以下は太く力強く彫られている。地域色のうかがえる仏像である。

◎板彫真言八祖像

室戸市の金剛頂寺の所蔵。鎌倉時代後期の彫刻。真言八祖とは、真言密教の教義を伝えたインド僧の龍猛、龍智、金剛智、不空、善無畏、中国僧の一行、恵果の7人の祖師に、弘法大師空海を加えた8人をいう。空海が唐から持ち帰った5祖像に、龍猛、龍智の2祖像を付け足したのが京都府東寺所蔵の真言七祖像で、空海没後に空海の像が加えられて八祖像が作成された。真言八祖像は、教義が3国を伝わってきたことを強調するとともに、密教道場における密教儀礼で、祖師を顕彰するための不可欠な画像となった。真言八祖の姿には基本図像があり、各像の向きや持物は決まっている。龍猛は三鈷杵、龍智は経箱、金剛智は念珠を手に持ち、不空は外縛印を合掌、善無畏は指で上を指す。一行は衣の内側で印を結び、恵果は童子を伴う。空海は右手に五鈷杵、左手に念珠を持つ。板彫真言八祖像は縦87.0〜89.9cm、横56.5〜61.6cmの檜の板に、浮彫された像で、着色されている。厚さ約1cmと薄いが、立体的で奥行きを感じさせる。1327年に京都の院派に属する定番という仏師によって制作され、金剛頂寺の多宝塔の塔内壁面にあった。インド僧や中国僧は異国風でなく、和風に表現されている。インド僧

I　歴史の文化編　19

の法衣には黒い条が目立ち、左手で袖先をつかむ。不空、一行、恵果、空海は簡素な僧衣を着ている。一般に絵画で表現される八祖像が、板に彫られた珍しい作品である。

◎長宗我部元親像

高知市の秦神社の所蔵。レプリカを高知県立歴史民俗資料館で展示。桃山時代の絵画。四国全土を制圧した戦国大名の長宗我部元親（1539～99年）の肖像画で、元親が1599年5月に没した翌月の葬儀の際に、家督を継いだ4男盛親によって制作された。画像は縦105.2cm、横54.5cmで、黒の袍と、白地に藤の丸を描いた赤い縁どりの袴を着て、冠をかぶり笏を持ち、緑色の上げ畳に坐す束帯姿の長宗我部元親が描かれている。頬がややこけているように見えるが、髭をのばし、しっかりと見開いた眼には気迫が感じられる。像の上部には、輝かしい武功などを記した京都府東福寺の長老惟杏永哲による賛が書かれている。もともとこの画像は、元親の菩提寺だった雪蹊寺に奉納されていた。雪蹊寺は、運慶作と伝えられる薬師如来及両脇侍像、運慶の長男湛慶作の毘沙門天及脇侍（吉祥天・善膩師童子）立像などの仏像を多数所蔵する古刹だったが、明治維新の廃仏毀釈で廃寺となった。そこで長宗我部元親を祀る秦神社が旧雪蹊寺本堂跡に、1871年に新たに創建されて、元親の肖像画や木造坐像が神社に移された。現在の雪蹊寺は1880年に復興された。

●豊楽寺薬師堂

大豊町にある。平安時代後期の寺院。方5間の正方形に近い仏堂で、正面が側面よりもわずかに長い。入母屋造の柿葺である。安置されている本尊の薬師如来坐像と、釈迦如来坐像、阿弥陀如来坐像は平安時代末期の制作とされ、釈迦如来像の像内墨書に1151年の作と記されて、薬師堂も同じ時の建立と推定されている。1574年に長宗我部元親、また1637年に山内忠義が修理し、前面中央に1間の向拝が付け加えられた。正面中央の3間に板扉があり、両端を連子窓、両側面の前側1間だけを板扉にして、ほかの柱間と背面は板壁である。堂の周りに高欄付きの縁がめぐる。柱上の組物には簡単な舟肘木だけを置く。屋根の軒裏は、一重の垂木を幅広い間隔で並べた一軒の疎垂木で、横木を入れて木舞裏としている。全体に簡素な外観である。内部には方3間の内陣が堂内のかなり後側に設けられている。外陣を広く取ったためであるが、そのため内陣の背面と堂の背面との間隔が異常に狭くなってしまった。後世の改変も多いが、平安時代末期の面影を伝えている。

◎土佐神社本殿、幣殿及び拝殿

高知市にある。室町時代後期の神社。長宗我部元親が1571年に本殿・幣殿・拝殿を再建し、その後江戸時代前期に山内忠義が鼓楼と楼門を造立した。本殿は桁行5間、梁間4間の入母屋造で柿葺、前面に3間の向拝が付く。内部には正面3間、側面1間の内殿がある。本殿南側に、十字型に交差した幣殿・拝殿が隣接する。幣殿を頭、拝殿を羽根と尾に見立てて、トンボが羽根を広げて本殿に入るような形をしているとして、入蜻蛉様式ともいわれている。本殿に接する幣殿は桁行1間、梁間3間で、そのまま南側に、一段屋根の高くなった方1間の拝殿が接続する。拝殿からさらに南側へ拝出と呼ばれるトンボの尾の部分が、縦に7間分伸びている。拝殿横の左右には、それぞれ長さ5間分の左右翼が伸びる。つまり高屋根の拝殿を中心に、北に幣殿、東西に左右翼、南に拝出が、それぞれ4方向に突き出るという平面プランなのである。床は、拝出から拝殿、幣殿へとそれぞれ一段ずつ高くなり、また天井は、拝出や左右翼については化粧垂木の見える化粧屋根裏、幣殿は折上小組格天井の中央に竜の絵画を描いて、変化を見せる。十字型の幣殿・拝殿としては特異な社殿である。

◎旧魚梁瀬森林鉄道施設

馬路村・北川村・安田町・田野町・奈半利町にある。明治時代から昭和時代の交通施設。魚梁瀬森林鉄道は、魚梁瀬杉などの豊かな森林資源を、山奥から海辺の港まで搬出するために敷設された鉄道で、橋9基、隧道（トンネル）5本が重要文化財になった。千本山国有林に関する農商務省の直轄事業として、田野貯木場〜石仙間41.6kmの安田川線の工事が1910年に着工され、1919年に完成した。奈半利貯木場〜釈迦ヶ生間41.9kmの奈半利川線の工事は、1929年に着工されて1942年に完成した。安田川線に架かる明神口橋は、開通当初は檜材で建造されたが、機関車の導入に伴い、1929年に構造体の下部に路が通る下路式鉄骨トラス橋に付け替えられた。切石砂岩で築かれた隧道は内法幅約3m、内法高さ約3.5mで、坑口は半円アーチ型をしている。伐採材だけでなく、人間や生活物資、文化も鉄道で運ばれたが、ダム建設により森林鉄道は廃止となり、1958年から撤去が始まった。森林鉄道の歴史は、日本林業と山村の盛衰を物語っている。

I　歴史の文化編

☞ そのほかの主な国宝／重要文化財一覧

	時代	種別	名称	保管・所有
1	弥生	考古資料	◎銅剣	兎田八幡宮
2	奈良	彫刻	◎木造菩薩坐像	養花院
3	平安	彫刻	◎木造薬師如来立像	国分寺
4	平安	彫刻	◎木造菩薩形立像	北寺
5	平安	彫刻	◎木造薬師如来立像	清滝寺
6	平安	彫刻	◎木造十一面観音立像	恵日寺
7	平安	彫刻	◎石造如意輪観音半跏像	最御崎寺
8	平安	工芸品	◎銅鐘	延光寺
9	平安	書跡	●古今和歌集巻第廿（高野切本）	高知県立歴史民俗資料館
10	鎌倉	絵画	◎絹本著色普賢延命像	竜乗院
11	鎌倉	彫刻	◎木造薬師如来及両脇侍像	雪蹊寺
12	鎌倉	工芸品	◎八角形漆塗神輿	椙本神社
13	室町	彫刻	◎木造海峰性公坐像	太平寺
14	桃山	古文書	◎長宗我部地検帳	高知県立歴史民俗資料館
15	朝鮮／高麗	工芸品	◎銅鐘	金剛頂寺
16	室町後期	寺院	◎金林寺薬師堂	金林寺
17	室町後期	寺院	◎国分寺金堂	国分寺
18	室町後期	寺院	◎竹林寺本堂	竹林寺
19	江戸前期	神社	◎朝倉神社本殿	朝倉神社
20	江戸中期〜後期	城郭	◎高知城	高知県
21	江戸中期	神社	◎鳴無神社	鳴無神社
22	江戸中期	民家	◎山中家住宅（吾川郡いの町）	—
23	江戸後期	住宅	◎旧立川番所書院	大豊町
24	江戸後期〜大正	民家	◎旧関川家住宅（高知市一宮中町）	高知市
25	明治	住居	◎吉福家住宅	—

城 郭

高知城本丸

地域の特色

　高知県は土佐国である。平安末に在地豪族が現れ、守護平重盛配下の平田氏が平田城に、蓮池氏が蓮池城にみえる。

　鎌倉期になると下夜須の夜須氏、岡豊城の秦氏、中原秋家の館などがみえる。本格的な築城がみられるのは南北朝争乱期からで、守護細川顕氏に始まる守護領国化の過程で、香宗我部城の香宗我部氏と長宗我部氏が有力国人として頭角を現す。北朝方では姫野々城の津野氏、土岐城の三宮氏、片岡城の片岡氏、弘岡城（吉良城）の吉良氏、杓田城の大黒氏、広井城の広井氏、南朝方では大高坂城の大高坂氏、田村城館の入交氏、金岡城の和食氏、有井城の有井氏らが有力な在地武士勢力だった。戦いでは深渕城、一宮城、佐川城、神崎城、潮江城で激しい攻防戦が繰り広げられた。

　守護細川氏一族で土佐に守護代であった細川頼益は田村城にあったが、応仁の乱に参戦し、支配力は衰えていた。在地の香宗我部氏、本山氏、安芸氏、大平氏、山田氏、津野氏、吉良氏、長宗我部氏と京から下ってきた一条氏らが割拠するところとなった。一条氏は幡多の中村城に居城。戦国時代に長宗我部元親が現れ、国人たちと一条氏はその軍門に降った。

　長宗我部元親は岡豊城を本拠として居城。戸波城、大津城、中村城を有力支城として一族、重臣を配した。元親自身は大高坂城、さらに浦戸城を本拠に土佐領国を固め、四国各地へ転戦する。元親の父は国親で有力国人領主。永禄3（1560）年に家督を継ぎ、天正3（1575）年、土佐一国を統一した。さらに土佐国の在地領主たちを従え、阿波に出兵し、阿波に続いて讃岐、伊予を侵略。同13年（1585）年には四国全土を平定して有力戦国大名となった。しかしこの年、豊臣軍が来襲、降伏して豊臣大名となり、九州出兵、文禄慶長の朝鮮半島への出兵が続いた。その子盛親が相続するが、関ヶ原後は山内一豊の領国となり、山内氏は高知城に入城、山内氏歴代が続いた。

主な城

安芸城 ^{あき}　別名 安芸土居　所在 安芸市土居　遺構 石垣、土塁、井戸

安芸平野のほぼ中央、標高60ｍの城山とその麓に居館が築かれている。安芸氏は、左大臣蘇我赤兄が壬申の乱（672）によって安芸郡に流され安芸氏を称したことにはじまる、と伝える。城については、延慶2（1309）年に安芸親氏の築城と伝える。永禄12（1569）年、安芸国虎は、長宗我部元親の攻撃により自害。安芸城は元親の持ち城となった。

慶長6（1601）年、山内氏の土佐入国後は家老五藤氏の知行所となり、山麓に館（土居）を構え居所として、明治まで続いた。現在土塁、堀、追手枡形の石垣が残る。

朝倉城 ^{あさくら}　別名 重松城　所在 高知市朝倉丁　遺構 土塁、井戸、竪堀、横堀

天文年間（1532〜55）に本山梅渓（清茂）が居城した。元来、本山氏は本山城を本拠としていたが、清茂・茂辰の父子2代で土佐中央部を支配して拠点となしたのが朝倉城である。

永禄3（1560）年から始まる長宗我部氏との覇権争いは、同6（1563）年本山氏の敗北に終わり、茂辰は朝倉城を焼き本山城へ退去した。

城は標高103ｍの城山に築かれている。山頂の詰めの段の東西に連なる三つの曲輪群が中心部である。石垣や土塁のほか石積みの井戸も残る。とくに東・南・北は山腹にみる竪堀は見所で、この竪堀に取り付く横堀も一部は二重・三重となっている。

浦戸城 ^{うらど}　所在 高知市浦戸　遺構 堀切、井戸、石垣（移築）

浦戸城は眼下に名勝桂浜を望む、浦戸湾口に西から突出した丘陵の先端部にこの城が築かれた年代は不明だが、南北朝期ころにはすでに豪族の砦があったことが記録にみられる。天正13（1585）年土佐一国の領有が認められた長曾我部元親は居城の大高坂山への移転を試みたが、水害に遭い断念。浦戸城への移転を決めた。

本丸は53間四方で、5間四方の天守台を設け、二の丸、三の丸、それに出丸という構えである。浦戸湾寄りの麓を城下（町として侍屋敷などを置

き船溜所も設けられたとした。慶長4（1599）年に元親が没し、そのあとを盛親が継いだが、その翌年に起こった関ヶ原の戦いで、盛親が石田三成に与したため戦後、領地を召し上げとなった。

浦戸城は家康の命によって井伊直政が受け取ることになり、直政は11月19日、家臣鈴木平兵衛、松井武太夫を浦戸へ差し向けた。しかし、城には長宗我部の家臣およそ1千人が楯籠り、鈴木、松井らに銃撃を加え、明け渡しを拒んだ。旧主盛親の説得にも応じず籠城を続け、近隣の諸藩を動員して討伐が行われようとした際に盛親の家老桑名弥次兵衛、宿毛甚左衛門らが城内の旧臣たちを欺いて浦戸城を奪取。旧臣273人を打ち取り追手門にその首をさらしたのである。この騒動を「浦戸一揆」という。慶長6（1601）年正月、山内一豊が浦戸へ入城、同年8月に一豊は高知城の築城に着手し、浦戸から高知城へ移った。浦戸城は廃城となった。

岡豊城 （おこう）　所在 南国市岡豊町　遺構 石垣、土塁、堀　史跡 国指定史跡

戦国末期、四国に覇を唱えた長宗我部氏の居城である。長宗我部氏は秦河勝の後裔と称し、能俊の代に信濃から土佐に移り土着した。応仁の乱（1467～77）後、土佐守護細川勝益の権威は地に落ち、長宗我部、安芸、山田、本山、吉良、大平、津野の7氏が対立。長宗我部兼序のときに長宗我部存亡の危機に遭うが次第に力をつけていき、国親、元親の代に諸豪族を平定。天正2（1574）年、主家の一条氏を豊後に追放して戦国大名へと進化。同3（1575）年から同12（1584）年までの間に四国平定を進めるが、同13（1585）年、豊臣秀吉の四国出兵に屈し、領国は土佐一国に縮小に、翌年には長男信親が秀吉の九州平定に従って戦死するなどの悲劇が続いた。同16年には大高坂（高知）に移り、岡豊城は廃された。

香長平野に突出した岡豊山（標高97m）に築城。山頂部の詰（本丸）以下の曲輪群の東西に、伝厩曲輪、伝家老屋敷曲輪を連ねている。山腹に高知県立歴史民俗博物館が建つ。

高知城 （こうち）　別名 大高坂城（古名）　所在 高知市丸ノ内　遺構 現存天守、御殿（現存）、廊下橋（現存）、櫓（現存）、門（現存）、濠　史跡 国指定史跡

慶長5（1600）年、関ヶ原の戦いの戦功によって、山内一豊が掛川城から24万2千石を与えられ、土佐国主となった。当初は長宗我部氏の居城だっ

I　歴史の文化編　25

た浦戸城に入ったが、海岸沿いの狭小な地であったため、大高坂山を新城地に定めた。

　大高坂山は、南北朝時代に大高坂松王丸が居城したと伝わる所で、前領主の長宗我部氏も築城を試みて断念した地でもあった。一豊は、慶長6（1601）年8月、百々安行を総奉行とし、9月から工事に着手した。同8年本丸と二の丸が完成、8月21日、一豊は新城に移った。同15年、五台山竹林寺の僧空鏡の選定によって文殊の浄土にちなんで高智山と改称され、高知城の名が生まれた。三の丸完成は同16（1611）年である。築城と同時に城下町も営まれた。

　本丸の四層五階の天守は、一豊が旧知掛川城を偲んでその天守を模したものといわれるが、享保12（1727）年火災に遭い、同14（1729）年から再建に着手されたものである。江戸中期の天守とはいえ、慶長構築の様式に構成の手法を加えたもので、貴重な天守の遺構の一つである。高知城は、その天守以下本丸の建築群が完存している。

　御殿は現位置に完存する本丸御殿としては全国唯一の現存建物で、懐徳殿といわれ、今日も玄関、廊下、式台の間など大小14からなる部屋がある。高知藩の重要な文書を格納しておく納戸蔵が付属する。この正殿の一段高い座敷が「上段の間」（八畳）で藩主の座となる。正面に床違い棚を設け、右手に出書院をつくる納戸構で小襖が取り付けられる。天守と一体となった姿は美しい。

中村城 <small>なかむら</small>　**所在** 四万十市中村　**遺構** 石垣、土塁、堀、模擬天守

　中村城は、四万十川を西に臨む標高約70mの山に築かれている。応仁2（1468）年、前関白一条教房は、応仁の乱の戦火から逃れて、一条氏の荘園のある幡多荘に下向して土着した。公家としての官位も高い一条氏は在地領主としても成長。京都との交流の中、中村は小京都として繁栄した。その後は、長宗我部元親、関ヶ原の戦い後は山内一豊と領主は替わり、城もその都度修築されるが、元和元（1615）年一国一城令により廃城となった。

　中村城は東条、為松城、中ノ森、御城、今城の5群の曲輪群で構成されていたが、為松公園となっている為松城を中心に石垣や土塁などの遺構が残っている。天守を模した四万十市郷土博物館の西側にみられる高石垣は、山内氏による修築の遺構と考えられている。

戦国大名

高知県の戦国史

　応仁の乱の際、戦乱を避けて奈良にいた教房が、土佐蓮池城主大平氏の協力を得て、荒廃した所領の土佐国幡多荘（四万十市）に下向、中村に住んで土佐一条氏の祖となった。教房は荘内最大の湊であった清水湊（土佐清水市）を掌握していた加久見氏と婚姻関係を結んだ他、国人の官職昇進の便宜を図るなどして在地武士を掌握した。子房家は土佐国司となり、以後そのまま土着して幡多郡・高岡郡を支配し、戦国大名に成長した。

　一方、守護をつとめていたのは細川氏で、守護代的な地位にあった大平氏や、細川氏重臣の吉良氏が力を持っていた。

　永正5年（1508）、本山氏は山田氏、吉良氏、大平氏とともに、細川家の家臣として力をつけてきた岡豊城主長宗我部兼序（元秀）を攻め、兼序は自刃し、子国親は中村の一条氏のもとに逃れた。

　同15年、国親は一条氏の支援で岡豊城に戻って長宗我部氏を再興。天竺氏、十市氏、池氏など周辺諸氏を降したのち、有力氏族であった山田氏を滅ぼして一挙に戦国大名に発展した。

　一方本山氏も、森氏、吉良氏を滅ぼして長岡・吾川・土佐の3郡を支配する戦国大名となり、茂宗（梅渓）は朝倉城（高知市朝倉）に、子茂辰は本山城に拠った。

　永禄3年（1560）元親が長宗我部氏を継ぐと、弟親泰を香宗我部氏の養子に入れて同盟し、本山氏と対峙した。そして、同6年に本山氏は朝倉城を放棄、同11年には長宗我部氏に降った。翌年には東部の名門安芸氏を降し、天正2年（1574）一条兼定を豊後に追って、土佐一国を平定した。

　さらに、阿波の海部氏・三好氏、讃岐の十河氏、伊予の宇都宮氏・河野氏らを次々と降して四国をほぼ支配したが、同13年豊臣秀吉の四国攻めで敗れて再び土佐一国の領主に戻され、秀吉政権下の一大名となった。

I　歴史の文化編　　27

主な戦国大名・国衆

安芸氏　土佐国安芸郡の戦国大名。壬申の乱後土佐に流された蘇我赤兄が安芸郡安芸荘（安芸市）に住んだのが祖と伝える。以来、代々安芸郡に勢力を振るい、壇ノ浦合戦では実光・実俊兄弟が平教経と組んで海中に没したとある。戦国時代は土佐国東部を支配して土佐七守護の一つとなったが、長宗我部氏の台頭で圧迫され、永禄12年（1569）国虎が長宗我部元親に敗れて自刃、子千寿丸も阿波に逃れたのちに討死したという。

有光氏　土佐国香美郡韮生郷（香美市香北町）の国衆。藤原姓という。一条氏に従って土佐に下向し、韮生郷を与えられて土着した。戦国時代は山田氏に従い、大川上美良布神社の神官もつとめた。山田氏の滅亡後は長宗我部氏に属したが没落。江戸時代になって大川上美良布神社の神職を回復した。

五百蔵氏　土佐国香美郡の国衆。桓武平氏という吉良川城主安岡氏の庶流。五百蔵城（香美市香北町五百蔵）に拠って山田氏に仕え、その没落後は長宗我部氏に属した。長宗我部元親に仕えた五百蔵筑後守が著名。跡を継いだ左馬之進は天正14年（1586）に豊後戸次川で討死。養子の2代目左馬之進は長宗我部盛親に従い、大坂夏の陣で討死した。

一条氏　土佐の戦国大名。摂関家一条家の庶流。応仁2年（1468）応仁の乱を避けて奈良にいた教房が、土佐蓮池城主大平氏の協力を得て、荒廃した所領の土佐国幡多荘（四万十市）に下向、中村に住んだのが祖。教房は国人の官職昇進の便宜を図るなどして在地武士を掌握し、幡多荘を回復した。子房家は土佐国司となり、以後そのまま土着して幡多郡・高岡郡を支配して、戦国大名に成長した。天文18年（1549）、6歳で家督を継いだ兼定は中村城に拠って、幡多郡・高岡郡だけでなく伊予国宇和郡まで支配したが、やがて台頭してきた長宗我部元親に所領を侵食され、天正元年（1573）元親の養女を娶った内政に家督を譲った。翌2年家臣によって豊後国に追われると大友宗麟のもとでキリスト教に入信、宗麟の援助を得て帰国。旧

臣を糾合して渡川で元親と戦って再び敗れ、伊予宇和島に逃れた。同9年
には内政も国外に追放されて事実上滅亡した。

伊与木氏（いよき）

土佐国幡多郡の国衆。藤原姓で文明10年（1478）堀川信隆が
京都から下向、伊与木城（幡多郡黒潮町伊与喜）を築いて伊与木氏を称し、
以後7代にわたって居城、代々一条氏に仕えた。一条氏の没落後、隆康は
長宗我部元親に仕え、その子忠実は文禄元年（1592）朝鮮の役に出陣し、
痘瘡にかかって病死した。

伊与田氏（いよた）

土佐国幡多郡の国衆。藤原姓という。代々淡路守を称し、伊
与田城（宿毛市山奈町山田）に拠って、土佐一条氏に仕えた。天正2年
（1574）に一条兼定が豊後に追われたのちも長宗我部元親に従わなかったた
め、元親の意を受けた小島城主小島出雲守に攻められて落城した。

大黒氏（おおぐろ）

土佐国土佐郡の国衆。長宗我部氏の庶流か。杓田城（高知市上
本宮町）に拠り鏡村（高知市）まで支配した。戦国時代は本山氏に従ってい
たが、永禄3年（1560）大黒備前守親周（主計）が長宗我部元親に降った。
また、尾立城（高知市尾立）城主には大黒下野守があり、本山氏に属して
いた。

大平氏（おおひら）

土佐の戦国大名。藤原北家秀郷流という。『吾妻鏡』に登場する
蓮池家綱の末裔とされるが、『高瀬町史』では讃岐近藤氏の一族国盛が土佐
に転じて大平氏になったとする。南北朝時代から蓮池城（土佐市）に拠り、
室町時代には高岡から宇佐にかけて領し、この地方の有力国人に成長する
とともに守護細川氏のもとで守護代的な地位にあったとみられる。応仁の
乱頃には国豊・国雄父子が畿内でも活躍した。戦国初期には高岡・吾川・
土佐の3郡に影響を持ち、永正5年（1508）元国は長宗我部兼序を討って全
盛期を迎えた。しかし、のち一条氏に敗れ、天文年間（1532〜55）に滅亡
した。

加久見氏（かくみ）

土佐国幡多郡の国衆。鎌倉時代から幡多荘荘官として加久見
付近を支配していたとみられ、応仁元年（1467）の一条教房の幡多下向に

I　歴史の文化編　　29

も宗孝が大きく関与していたとされる。宗孝は娘を教房の後妻とし、加久見城（土佐清水市加久美）に拠って土佐一条氏の重臣となった。

片岡氏　土佐国高岡郡の国衆。鎌倉時代初期に上野国片岡郡片岡荘（群馬県高崎市）の出の近藤経繁が黒岩郷に移り住んで片岡氏を称したのが祖といわれるが、応永年間（1394〜1428）に片岡直綱が土佐に来国して片岡城を築城したのが祖ともいわれる。また出自についても、宇多源氏佐々木氏、桓武平氏など諸説あり不詳。戦国時代には片岡城（高岡郡越知町片岡）に拠って高岡郡北部を制していた。元亀2年（1571）に長宗我部元親が高岡郡に侵攻するとそのもとに降り、光綱は片岡城と黒岩城を拠点として引き続き高岡郡を支配した。光綱は天正13年（1585）の豊臣秀吉の四国攻めで討死、その子光政も豊後戸次川合戦で長宗我部親信とともに討死した。江戸時代は土佐藩家老の佐川深尾家に仕えた。

北川氏　土佐国安芸郡の国衆。建久年間（1190〜99）にはすでに北川村付近に勢力を持っていたとみられる。戦国時代は北川城（安芸郡北川村）城主に北川玄番の名がみえる。のち長宗我部元親に敗れて魚梁瀬に逃れ、のち魚梁瀬の庄屋となった。

吉良氏　土佐の戦国大名。源頼朝の弟希義の子孫と伝える。希義は土佐国に流されて長岡郡介良荘（高知市）に住むが、治承4年（1180）平家の命を受けた平田俊遠・蓮池家綱に討たれた。その子希望は頼朝から土佐国吾川郡に所領を与えられて吉良氏を称したという。以後吾川郡内に勢力を振るい、のち戦国大名に発展した。天文9年（1540）宣直のとき本山茂辰に敗れて嫡流は滅亡。茂辰は吉良氏を称して吾川郡を支配、弘治3年（1557）芳原城（高知市春野町芳原）に拠ったが、永禄6年（1563）長宗我部元親に敗れて本拠本山に敗走した。その後、長宗我部元親は弟で宣直の女婿にあたる親貞に吉良氏を名乗らせて再興。子親実は元親の娘を正室に迎えて長宗我部氏の一門として活動したが、長宗我部氏の家督争いに敗れて元親から切腹させられ滅亡した。

窪川氏　土佐国高岡郡の国衆。もとは山内氏とも称し、明応9年（1500）

備後守宣澄が相模国鎌倉から来住したという。茂串山城（窪川城、高岡郡四万十町茂串）を築城して窪川氏と称し、宣澄の子充秋は津野氏を経て、一条氏に従った。のち長宗我部元親に仕え、天正7年（1579）伊予岡本城の合戦で充秋の弟俊光が討死した。さらに、充秋の子宣秋・七郎左衛門兄弟は文禄の役に従軍して討死し、断絶した。

香宗我部氏

土佐の戦国大名。「香曽我部」とも書く。清和源氏で、一条忠頼が源頼朝に誅せられた際に家臣の中原秋家が忠頼の遺児秋通を後見。建久4年（1193）秋家が土佐国香美郡宗我部郷（香南市野市町）の地頭となって下向し、のち秋通が地頭職を継いで香宗我部氏を称したと伝える。以来香美郡に力を持ち、戦国大名に成長した。安芸郡の安芸氏と争い、大永6年（1526）親秀は安芸氏に敗れ、嫡子秀義が討死。長宗我部国親の三男親泰を養子に迎えて長宗我部氏と結んだ。永禄12年（1569）に安芸氏が滅亡すると、親泰は安芸城主となり、実兄長宗我部元親の土佐統一と四国制圧に尽力した。親泰は文禄2年（1593）に朝鮮出兵の途中で戦死、跡を継いだ貞親は関ヶ原合戦後、堀田氏に仕えて佐倉藩士となった。

惟宗氏

土佐国安芸郡東部の国衆。代々野根城（安芸郡東洋町）を本拠とした。天正3年（1575）、長宗我部元親方の奈半利（奈半利町）城主桑名丹後守の奇襲を受けて、国長は一族の拠る甲浦城（安芸郡東洋町）に逃亡、さらに阿波に逃れて滅亡した。

佐竹氏

土佐国高岡郡の国衆。常陸佐竹氏の一族。承久の乱で佐竹秀義が宇治で討死、子信濃守経繁が高岡郡久礼村（高岡郡中土佐町久礼）に移り住んだのが祖と伝えるが不詳。鎌倉時代には下向していたとみられる。南北朝時代、佐竹義通は津野氏の家宰をつとめて久礼城を築城、以後、義辰・義之・義直・親辰と5代にわたって久礼城に拠った。戦国時代には一条氏に属し、元亀2年（1571）頃に義直は長宗我部元親に降っている。親辰は土佐書家6人のうちに数えられる能書家だったが、慶長5年（1600）長宗我部氏の改易で和泉国堺に退いたという。

長宗我部氏

土佐の戦国大名。「長曽我部」とも書く。鎌倉時代初期に

秦能俊が土佐国長岡郡宗部郷（南国市）に転じ、香美郡宗部郷と区別するために長宗我部氏と称したのが祖。室町時代に細川氏が土佐守護代として入国後は、そのもとで吸江庵の寺社奉行となった。永正4年（1507）、細川政元が死んだ際に一族が上京し、翌年兼序は本山氏、山田氏、吉良氏、大平氏の連合軍に攻められて戦死、子国親は中村の一条氏のもとに逃れた。同15年岡豊城に戻り、子の元親のときに土佐一国を統一した。さらに、阿波の海部氏、讃岐の十河氏、伊予の河野氏を降して四国全体を事実上支配。津野氏、吉良氏、香宗我部氏などの国内主要豪族や、讃岐の香川氏なども縁組によって一族に取り込んでいる。天正13年（1585）豊臣秀吉に敗れて再び土佐一国の領主に戻された。関ヶ原合戦で盛親は西軍に属し、さらに内紛もあったため改易。その後、盛親は大坂の陣で豊臣方に属して六条河原で切られ、滅亡した。

津野氏
土佐の戦国大名。藤原姓といい、仲平が讃岐権守となって讃岐国鵜足郡津野郷（香川県綾歌郡宇多津町）に住み津野氏を称した。子経高は伊予に流され、のち土佐国に移って高岡郡津野荘を開発したという。のち戦国大名となり、姫野々城（高岡郡津野町）に拠って高岡郡を支配した。永正14年（1517）元実のときに一条氏に敗れて没落した。その後、長宗我部元親の三男親忠が勝興の養子となって津野氏を継ぎ、以後は長宗我部氏に属した。慶長4年（1599）家臣の讒言によって岩村郷に移され、翌年に関ヶ原合戦で敗れると切腹させられて滅亡した。

天竺氏
土佐国長岡郡の国衆。土佐細川氏の一族で『土佐国古城略史』では細川肥後守の子孫というが、他にも諸説あり系譜は不詳。京の出という説もある。大津城（高知市大津）に拠った。文明10年（1478）花氏が津野之高に敗れて落城した。

十市氏
土佐国長岡郡の国衆。土佐細川氏の庶流。明応年間頃に重隆が長岡郡十市（南国市十市）に住んで十市氏を称したとみられる。以後、代々栗山城（十市城）に拠って目代をつとめていたが、天文18年（1549）頃に国隆が長宗我部国親に降っている。宗桃は長宗我部元親の重臣として活躍、天正年間には伊予進出の拠点とするために元親から幡多郡の鶴ヶ城（芳奈

城、宿毛市山奈町芳奈）に派遣された。その際、十市城は長男備前守が守り、二男豊前守頼定は池城に残したものの、一族郎党を率いて鶴ヶ城に転じたとみられる。宗桃の没後は三男頼重が継ぎ、関ヶ原合戦にも出陣した。

豊永氏　土佐国長岡郡の国衆。清和源氏で阿波小笠原氏の一族が長岡郡豊永（長岡郡大豊町）に住んで豊永氏を称した。豊永城（粟井城、大豊町粟生）に拠って、当初は阿波の国衆と結んでいたが、戦国時代は長宗我部氏に仕えた。長宗我部氏滅亡後、直系は肥後で加藤氏に仕えたが、一族は豊永郷の大庄屋となった。

南部氏　土佐国高岡郡の国衆。陸奥南部氏の同族と思われる。応安3年（1370）南部高忠が土佐国高岡郡米ノ川（高岡郡四万十町）に移り米ノ川城に拠った。初めは大野見氏に属していたが、応永26年（1419）津野氏とともに大野見城（高岡郡中土佐町大野見）を落とし、以後は津野氏に属した。津野氏没落後は長宗我部元親に属し、その後南部太郎左衛門は山内一豊に仕えたが、大坂の陣の際に土佐を抜けて大坂城に入って討死したという。

波川氏　土佐国高岡郡の国衆。蘇我姓を称しており、南北朝時代に北朝に属していた曾我三郎左衛門尉や曾我与一と同族か。戦国時代、玄蕃は波川城（吾川郡いの町波川）に拠り、元亀2年（1571）頃に長宗我部元親に降った。のち、その妹を娶って元親の重臣となり、天正2年（1574）の一条氏没落後には山路城（四万十市山路）城主となったが、失政のため蟄居。謀反を企てて漏れ、同8年に自刃させられ滅亡した。

畑山氏　土佐国安芸郡の国衆。安芸氏の庶流。正応元年（1288）に康信が畑山名（安芸市畑山）を分知され畑山氏を称したのが祖で、以後畑山城を築城して同地に勢力を持った。のち安芸氏の嫡流が断絶した際には畑山氏から継いでいる。永禄12年（1569）安芸城が落城した際、畑山越後と子右京太夫は、安芸国虎の長男千寿丸を守って阿波国板野郡に逃れ、のち畑山村に戻って長宗我部氏に仕えた。

本山氏　土佐の戦国大名。名字の地は同国長岡郡本山（長岡郡本山町）で、

但馬国造八木氏の子孫か。本山城を本拠として、戦国時代に森氏、吉良氏を滅ぼして長岡・吾川・土佐の3郡を支配する戦国大名となった。茂宗（梅渓）は朝倉城（高知市朝倉）に、子茂辰は本山城に拠った。永禄7年（1564）長宗我部元親に敗れた。

安岡氏〔やすおか〕　土佐国安芸郡の国衆。保元の乱で殺された平忠正の子忠重が大和国宇智郡安岡荘に逃れて、外祖父の安岡氏に育てられ、以後安岡氏を称したという。寿永元年（1182）頃、土佐国安芸郡吉良川（室戸市吉良川）に下向した。以後代々吉良川を支配し、戦国時代は吉良川城に拠って安芸氏に属していた。天正2年（1574）重義のとき長宗我部元親に降った。また、乗台寺岡城（安芸郡奈半利町）に拠った安岡出雲守重盛も一族である。

山田氏〔やまだ〕　土佐の戦国大名。中原姓。一条忠頼の家臣だった中原秋家が土佐国香美郡宗我郷（香南市野市町）の地頭となって、忠頼の遺児秋通とともに下向。のち宗我郷の地頭職を秋通に譲り、自らは同郡山田（香美市土佐山田町）に住んで山田氏の祖となった。戦国時代は香美郡の大名となったが、天文18年（1549）頃に長宗我部国親に敗れて滅亡した。

横山氏〔よこやま〕　土佐国長岡郡の国衆。介良花熊城（高知市介良）城主。横山党の末裔という。天文年間頃、友隆は長宗我部国親に降り、永禄12年（1569）の安芸国虎攻めで功をあげた。

吉田氏〔よしだ〕　土佐国長岡郡の国衆。藤原北家で、首藤氏の一族の滝口俊氏・俊宗兄弟が相模国山内吉田（神奈川県）を領して吉田氏を称したという。平氏滅亡後、土佐国長岡郡吉田（南国市）に移り、代々吉田城に住んだ。戦国時代吉田周孝は長宗我部国親の妹を娶って土佐郡井口城主（高知市）となり、周孝の弟重俊は夜須城主（香南市夜須町）になるなど、長宗我部氏の重臣として活躍した。長宗我部氏の滅亡後、周孝の孫重親は生駒正俊に、その弟の孫太夫と弥右衛門はそれぞれ藤堂高虎と堀田正盛に仕えて土佐を去った。幕末の家老吉田東洋は末裔。

◎中世の名族

長宗我部氏
ちょうそ が べ

土佐の戦国大名。「長曾我部」とも書く。鎌倉時代初期に秦能俊が土佐国長岡郡宗部郷（南国市）に転じ、香美郡宗部郷と区別するために長宗我部氏と称した。鎌倉時代は地頭となって周辺に多くの庶子家を派出、岡豊城を中心に総領支配を築いた。

1508（永正5）年兼序は本山氏、山田氏、吉良氏、大平氏の連合軍に攻められて戦死、子国親は中村の一条氏の下に逃れた。

18（同15）年岡豊城に戻り、子の元親の時に土佐一国を統一した。さらに、阿波の海部氏、讃岐の十河氏、伊予の河野氏を降して四国全体も支配。津野氏、吉良氏、香宗我部氏などの国内主要豪族や、讃岐の香川氏なども縁組によって一族に取り込んでいる。

85（天正13）年豊臣秀吉に敗れて再び土佐一国の領主に戻された。関ヶ原合戦で盛親は西軍に属し、さらに内紛もあったため改易。その後、盛親は大坂の陣で豊臣方に属して六条河原で切られ滅亡した。

◎近世以降の名家

伊賀家
い が

土佐藩家老。美濃国の国衆で西美濃三人衆といわれた安藤（東）氏の一族。1585（天正13）年可氏は母方の叔父山内一豊に仕えて山内氏を与えられ、その一門となった。江戸時代は土佐藩家老となって宿毛で7000石を領した。維新後、氏成は伊賀氏に復して高等商業学校（一橋大学）教授をつとめ、山内容堂の孫で氏成の養子となった氏広は1900（明治33）年男爵となり、飛行家として知られた。

I　歴史の文化編　　35

池田家
香美郡赤岡（香南市赤岡町）の菓子商。西川村の出で西川屋と号し、素麺・麩・菓子の製造を始めたのが祖。山内一豊の土佐入国に際して、菓子「梅不し」を献上したことで土佐藩の御用商人となった。元禄年間に西川屋才兵衛として香美郡赤岡に菓子舗を開業。以後、代々才兵衛を称して藩の御用菓子舗をつとめた。現在も西川屋として菓子商を営む。

入交家
高知城下（高知市）の豪商。嵯峨源氏で、鎌倉時代に長岡郡片山荘入交（南国市）に下向した。江戸時代は土佐藩の郷士となる。1748（寛延元）年郷士政房の三男太三右衛門は高知城下に出て桜屋と号して商人に転じ、長岡郡下田村（南国市）の石灰山を購入して良質の石灰製造に成功。幕末には藩の石灰御用を引き受けて豪商となった。維新後、太蔵、太兵衛、太三郎の三兄弟が出て、いずれも実業家として成功、入交産業（現在は入交グループ本社）を軸にした地方財閥を築いた。

江口家
幡多郡下田浦（四万十市）で新屋と号した豪商。国人江口氏の末裔か。5代目市左衛門正直は機械の製作に長じ、さまざまな機械を製作して世人を驚かせ、からくり市左衛門といわれた。また、世界地図を部屋に掛けていたことから世界屋市左衛門と呼ばれた。子の6代目弥五右衛門も意匠に巧みで人形時計を発明したというが、このころから家運が傾いた。

川崎家
高知城下八百屋町（高知市）の豪商。1646（正保3）年近江国から土佐に下向して香美郡田村（南国市）で帰農した。1732（享保17）年初代源右衛門が高知城下八百屋町に移り、田村屋と号して八百屋を創業、41（寛保元）年には藩の御用達となっている。

2代目は衰退していた製紙業の回復に尽力して、1813（文化10）年名字帯刀を許される。3代目は頼山陽らとも交わりのある文人でもあった。

また、分家の幾三郎は維新後金融業に転じて成功、土佐電気鉄道など県内の主要企業を次々と創業して、県を代表する企業家となった。土佐中学・高校の創立者でもある。

五藤家
土佐藩家老。尾張国葉栗郡黒田（愛知県一宮市木曽川町）の土

豪の出で、浄基が山内盛豊に仕えたのが祖。その子為浄は1573（天正元）年の朝倉氏との合戦で山内一豊が左眼横から右奥歯に射通された際、土足のまま主君一豊の顔を踏んで矢を抜き一命を救った。この矢の根は五藤家の家宝となっている。江戸時代は土佐藩家老となり、安芸郡土居（安芸市）に住んだ。10代正形は維新後高知市に移住。大量の蔵書を県立図書館に寄贈して土佐史談会の基礎を築いた他、地元画家のパトロンとなるなど郷土文化の発展に尽くした。11代良政は土居村長をつとめている。

高島家 <small>たかしま</small>

高知城下（高知市）の豪商。播磨国飾磨（兵庫県姫路市）出身のため播磨屋と号した。長宗我部元親の兵糧を調達したのが縁で、初代宗徳が土佐に移り住んだのが祖という。江戸時代、山内一豊の入国で高知城下に転じ、町年寄もつとめた。名所はりまや橋は、播磨屋が櫃屋との間にかけた橋である。

竹村家 <small>たけむら</small>

高岡郡佐川（佐川町）で黒金屋と号した豪商。土佐藩筆頭家老の深尾家が土佐に入国した際に従ってきたといい、江戸時代も名字帯刀を許されていた。1918（大正7）年町内4軒の造り酒屋が統合、翌年佐川出身の伯爵田中光顕が「司牡丹」と命名した。同家住宅は国指定重要文化財。漫画家黒鉄ヒロシは一族。

谷家 <small>たに</small>

岡豊八幡宮神官・儒学者。代々土佐国長岡郡岡豊村（南国市）の岡豊八幡宮神官をつとめる。維新後、重喜は立志社副社長となり、弟の流水は土佐銀行の重役や土佐史談会会長などを歴任した。

5代重元の三男秦山は野中兼山によって郷士として登用されて一家を興し、山崎闇斎に学んで土佐を代表する儒学者となった。この末裔は学者一族として知られる。3代真潮の代に谷家の家学を土佐藩の藩学にまで高め、天明の藩政改革の際には大目付に就任して藩政にも参画した。

6代好円の甥に当たる干城は維新後陸軍中将となり、西南戦争で熊本城を死守したことで知られる。1884（明治17）年子爵を授けられた。孫の儀一も陸軍少将で貴族院議員をつとめた。

深尾家 <small>ふかお</small>

土佐藩筆頭家老。宇多源氏佐々木氏という。1585（天正13）年

重良の時近江長浜城主だった山内一豊に仕えた。1600（慶長5）年一豊の土佐入国後は土佐藩首席家老として高岡郡佐川（佐川町）で1万石を領した。重良の跡は2代藩主忠義の弟重昌が養子となって継ぎ、以後は実質藩主の一門であった。1906（明治39）年重孝の時に男爵となる。子隆太郎は貴族院議員をつとめた。

福岡家

　　　　土佐藩家老。干孝は松永久秀に仕えたが、その滅亡後浪人し、1582（天正10）年近江長浜で山内一豊に仕えた。以来、軍資金の調達など財政関連で功をあげて、土佐入国後は家老となった。家禄は3000石。幕末に山内容堂の下で家老をつとめた孝茂（宮内）が著名。

　また、一族の孝弟は吉田東洋に抜擢され、1867（慶応3）年には参政（家老）に就任。後藤象二郎と共に大政奉還を将軍慶喜に勧めるなど活躍し、維新後も元老院議官・参議を歴任した。84（明治17）年子爵となった。その二男秀猪は法学者として知られる。

山内家

　　　　土佐藩主。「やまのうち」と呼ばれることが多いが、正しくは「やまうち」である。藤原北家秀郷流で山内首藤氏の一族。尾張岩倉城主織田信安の家老だった山内盛豊は1559（永禄2）年信長に敗れて長男十郎と共に戦死。二男一豊は各地を転々とした後豊臣秀吉に仕え、近江長浜2万石を経て、遠江掛川で6万石を領した。関ヶ原合戦では東軍に属し、戦後土佐国一国に加転、20万2600石となった。幕末、豊信（容堂）は公武合体派の大名として活躍した。1884（明治17）年豊範の時に侯爵となる。

　分家に麻布山内家（高知新田藩主）がある。また、容堂の実弟豊積は藩主に代わって京都で活躍し、89（同22）年に男爵を授けられた。子豊政は貴族院議員をつとめている。また、豊信（容堂）の長男豊尹も分家して84（明治17）年に男爵を授けられ、91（同24）年には子爵に陞爵した他、三男の豊積も1906（同39）年に分家して男爵となっている。

山崎家

　　　　幡多郡下田浦（四万十市）で平田屋と号した豪商。江戸・大坂との取引で財を成し、豪壮な屋敷を構えて山内氏の代官や幡多郡奉行をしばしば迎えるなど、天保年間から慶応年間にかけて（1830～1868）全盛を極めた。

博物館

高知県立牧野植物園
〈温室〉

地域の特色

　高知県は、四国の南側にあり、四国で最も広い面積をもつ。11市17町6村からなり、推計人口は約68万人である（2021（令和3）年9月現在）。県北部は四国山地で愛媛県と徳島県に接し、吉野川の源になっている。南側は東西に長く太平洋に面し、日本最後の清流と呼ばれる四万十川や、仁淀川、物部川など四国山地に源を発する清流が流れ、太平洋に注いでいる。太平洋を流れる黒潮の影響で冬でも温暖で、台風の襲来も多い。足摺岬や室戸岬では亜熱帯植物が自生し、県内では古くから野菜のハウス栽培が行われてきた。県域は全域が旧土佐国である。戦国時代にはこの地に七つの勢力がいたが、長宗我部氏が土佐を統一した。関ヶ原の戦い後、土佐国は山内一豊に与えられ、山内氏は廃藩置県まで統治した。幕末には坂本龍馬、中岡慎太郎などの志士、明治には自由民権運動を展開した板垣退助、牧野富太郎や寺田寅彦らの学者など、多くの偉人を輩出した。県内の博物館連携組織である「こうちミュージアムネットワーク」は各分野の博物館だけでなく図書館やNPO法人なども参加しているのが特徴で、71の機関が参加している。

主な博物館

高知県立牧野植物園　高知市五台山

　高知出身で「日本の植物分類学の父」と呼ばれる牧野富太郎博士の業績を顕彰するために1958（昭和33）年に開園した植物園。高知市東部の五台山にあり、牧野博士の蔵書や遺品など約5万8千点を収蔵している。研究活動として県内野生植物の調査研究と保全、海外ミャンマーでの植物多様性の解明と資源調査、資源植物センターでの薬用資源植物の開発などを行っており、標本庫（ハーバリウム）では約30万点の国内外の標本を収蔵

している。約8ヘクタールの園地には土佐の植物生態園、薬用植物区、ふむふむ広場などのエリアに約3千種の植物を植栽し、熱帯花木や熱帯果樹などを一年中楽しむことができる温室もある。展示館では常設展示として「牧野富太郎の生涯」と花の構造などを解説した「植物の世界」を行い、企画展、季節の植物展示会、園の研究活動展、植物画展なども開催している。イベントや植物教室、植物相談などの教育活動も数多く開催している。

高知県立高知城歴史博物館（城博）　高知市追手筋

土佐藩・高知県ゆかりの資料を中心とした博物館として2017（平成29）年に開館した。前身である土佐山内家宝物資料館から引き継いだ、国宝や重要文化財を含む約6万7千点に及ぶ土佐藩主山内家伝来の歴史資料や美術工芸品を収蔵している。高知城のふもとにあり、展望ロビーからは天守と追手門が一望できる。常設の総合展示室では土佐藩の歴史、大名道具と土佐の文化をテーマに、60日を目安に入れ替わる実物資料を中心に模型や映像などを交えて展示する。レプリカを使った体験コーナーもあり、季節ごとに多彩な企画展も開催する。古文書などの講座や季節のイベント、子ども向け体験教室などを開催し、友の会もある。学校向けにはプログラムや出前授業などを行っており、県内学校向けの交通費補助制度もある。県内の地域資料の調査や保存なども行っている。

高知県立歴史民俗資料館　南国市岡豊町八幡

県の歴史・考古・民俗・美術工芸を扱う博物館。戦国時代に土佐を統一した長宗我部氏の居城であった岡豊城跡に立地している。常設展示では県内の歴史と文化および長宗我部氏や岡豊城について紹介している。企画展、講演会や展示解説、体験型講座の他、歴史イベント「長宗我部フェス」の会場ともなっている。学校向けのプログラム、より深く利用する人のための「新・れきみんサークル」などもある。

桂浜水族館　高知県高知市浦戸桂浜公園内

名勝、桂浜公園の浜辺にあり、1931（昭和5）年に創立された歴史ある水族館。飼育点数は約220種4千点で、アカメ、カクレクマノミ、ウミガメやペンギンなどを展示するほか、トドとアシカのショーも開催している。

地元の方言である土佐弁で書いた土佐湾産海水魚の解説プレートが人気。餌やり体験やタッチプールもある。

高知県立坂本龍馬記念館　高知市浦戸城山

　土佐出身の幕末の志士として知られる坂本龍馬の業績を顕彰する資料館。桂浜公園内にある。常設展示室では龍馬の手紙をはじめ、さまざまな関係資料でその生涯と人となりを知ることができる。ジョン万次郎展示室、体験型の展示コーナー「幕末広場」などもある。龍馬に関する企画展、講演会、子ども向けのイベントも開催している。

高知市立自由民権記念館（時間の郷）　高知市桟橋通

　自由民権運動の資料を中心に土佐の近代に関する資料を広く収集・保管・展示する博物館。常設展示では自由民権運動の歩みを土佐の運動を中心に紹介している。自由民権運動および日本近代史に関する図書などを閲覧できる図書室や、郷土情報室もある。夏休み子ども歴史教室など学校との連携事業、友の会などもある。

横山隆一記念まんが館　高知市九反田

　高知出身で、まんが「フクちゃん」で知られる横山隆一を顕彰するとともに、高知市におけるまんが文化の拠点施設として2002（平成14）年に開館した。隆一の活躍を壁画で紹介した「隆一ギャラリー」、フクちゃんの世界を表現した「フクちゃん通り」、隆一の趣味の世界を展示する「わが遊戯的世界」などの常設展示があり、まんがや関連図書1万冊以上が閲覧できる。まんがや横山隆一にスポットを当てた企画展やイベントも数多く開催している。

大原富枝文学館　長岡郡本山町本山

　「戦後最大の女流作家」といわれた大原富枝の文学館。展示室では生涯の歩みと作品、なかでも代表作『婉という女』にスポットを当てて紹介している。再現された富枝の部屋、読書や映像鑑賞ができるサロン、茶室などがあり、ゆったり過ごすことができる。企画展や関連イベント、県在住・出身者を対象とした大原富枝賞などの事業を行っている。

I　歴史の文化編　41

高知県立のいち動物公園　香南市野市町大谷

〝人も動物もいきいきと〟をテーマに、生息地を再現した檻や柵のない環境で展示する動物園。約105種1,400匹の動物がいる園内には、四つの各ゾーンと、こども動物園、どうぶつ科学館があり、緑豊かな園内を楽しめる自然散策路も整備されている。夜の動物園や園内ツアー、園長と散歩、お食事タイムなどのイベント、動物科学館での企画展、友の会やボランティアなどの活動も行っている。

室戸市海洋生物飼育展示施設むろと海の学校（むろと廃校水族館）

室戸市室戸岬町

廃校となった旧椎名小学校の校舎を利用して2018（平成30）年に開館したユニークな水族館。屋外の25メートルプールを利用した野外大水槽や校舎内の設備、学校で使用していた器具などを展示水槽などに用いて利用している。約50種1千匹以上の生物は全て地元産で、地元の漁師から持ち込まれているものも多い。

横倉山自然の森博物館　高岡郡越知町越知丙

アカガシの原生林や日本最古の化石の産地として知られる横倉山を通じて、地球の生い立ちを学ぶことができる博物館。建物は安藤忠雄による設計である。常設展示では横倉山の生い立ち、牧野富太郎と横倉山、歴史と伝説の横倉山などをテーマにした展示があるほか、実物のトリケラトプスの頭骨化石をはじめ世界の代表的な化石も展示する。企画展や自然観察会、講座、友の会〝フォレストクラブ〟などの活動も行っている。

宿毛市立宿毛歴史館　宿毛市中央

町の歴史やゆかりの人物などをわかりやすく紹介する博物館。歴史展示室では城下町として栄えた宿毛の歴史や文化について、実物資料をはじめ江戸時代の町並み模型や映像などで紹介、人物展示室では宿毛の偉人20人を紹介している。ホームページでは宿毛の祭り、民話、文化財などを見ることができる。展示解説、企画展や講座も開催している。

名　字

〈難読名字クイズ〉
①五百蔵／②豚座／③木椋／④産田／⑤甲把／⑥外京／⑦家古谷／⑧下司／⑨勝賀瀬／⑩千頭／⑪野老山／⑫別役／⑬万々／⑭立仙／⑮和食

◆地域の特徴

　高知県の名字の最多は西日本に多い山本。2位山崎、3位小松、4位浜田はいずれも全国的に多い名字だが、他県ではあまりベスト10に入らないものが上位に並んでいる。3位の小松は県東部に集中しており、安芸市で2位の6倍、市全体の約6分の1にも及んでいる。

　8位には高知独特の名字である岡林が入る。全国の6割近くが高知県に集中しており、県内全域にみられるが、比較的仁淀川の流域に多い。14位の和田は全国に広く分布するが、高知県の14位は最高順位。この他では、12位の片岡、20位の西森、31位土居、38位中平などが高知県を代表する名字だ。

　片岡と西森はともに仁淀川流域に極端に集中している名字で、仁淀川町では片岡が最多。また、西森は旧仁淀村で圧倒的多数な最多だったほか、県境を越えて愛媛県にまで分布している。土居も高知県や愛媛県に多い名字。全国的には「どい」といえば土井と書くが、高知には土井はほとんど

名字ランキング（上位40位）

1	山本	11	坂本	21	岡村	31	土居
2	山崎	12	片岡	22	中村	32	森
3	小松	13	松本	23	岡崎	33	松岡
4	浜田	14	和田	24	森田	34	尾崎
5	高橋	15	前田	25	中山	35	野村
6	井上	16	田中	26	矢野	36	安岡
7	西村	17	山下	27	横山	37	竹内
8	岡林	18	田村	28	森本	38	中平
9	川村	19	岡本	29	岡田	39	北村
10	山中	20	西森	30	伊藤	40	橋本

Ⅰ　歴史の文化編　　43

おらず、土居が圧倒的に多い。

中平は県内ではほぼ「なかひら」だが、高知県に次いで多い長野県では「なかたいら」と読む。

41位以下では、53位の藤原が特徴。県内では9割近くが「ふじはら」と読み、「ふじわら」は少ない。全国的にみても「ふじわら」より「ふじはら」が多いのは高知県を含めて4県のみ。57位の上田は濁らずに「うえた」と読む。また、いの町を中心に「あげた」と読むことも多い。

この他、63位公文、68位楠瀬、70位笹岡、74位森岡、88位中越、89位西内、92位下元、93位津野、94位明神などが高知県を代表する名字である。

このうち公文は、中世に現地で荘園の管理をしていた下級官僚に由来するもの。楠瀬は吾川郡楠瀬（いの町楠瀬）がルーツで、楠木正儀の後裔と伝える。

津野は高岡郡の名家。藤原仲平と宇多天皇の女御伊勢の間に生まれた経高の子孫と伝える。経高は伊予に流されて浮穴郡川上荘山内谷に住み、延喜13（913）年河野氏の援助で土佐国に来て梼原を開発したという。明神は名神から変化した言葉で、年代が古く由緒正しい神社を指す。また、一般的には神の尊称としても使われる。

また、45位筒井、49位竹村、62位宮地などは独特というわけではないが、とくに高知県に多い。筒井は、筒井順慶の子という定次が市正と改称して郎党7人とともに土佐郡本川郷南野山（大川村南野山）に移り、屋敷を構えたのが祖と伝える。ただし、時代的には疑問があり、はっきりしない。旧吾北村で最多となっていたほか、仁淀川の上流地域に激しく集中している。

101位以下では徳弘、刈谷、近森、国沢、戸梶、仙頭、氏原、古味、武政、恒石が独特である他、「ひろせ」は弘瀬、「ひろた」は弘田と書くことが多いのも特徴。恒石は全国の8割以上、徳弘も7割近くが高知県にある。

● **地域による違い**

高知県では、高知市を中心とした県中央部に人口が集中していることから、この地域では名字の特徴が乏しい。しいてあげれば、溝渕、依光、恒石など。また、香南市の旧香我美町では百田が最多だった。

県東部の安芸地区では小松が多い。安芸市では圧倒的な最多であるほか、隣の安田町でも最多。仙頭も広く分布している。この他、北川村では浜渦、馬路村では清岡、奈半利町で安岡、芸西村では岡村が最多となっているな

44

ど、自治体によってかなり名字の傾向が違う。なかでも、徳島県との県境にある東洋町は、最多が蛭子で、以下島山、手島と続く全く独自の分布となっている。この他、安芸市の有光、室戸市の中屋、田野町の牛窓、北川村の大寺なども特徴。

西部の高吾地区では、仁淀川流域では片岡、西森が多く、片岡は越知町と仁淀川町、西森は佐川町で最多。なお、旧池川町では山中が最多だった。

四万十川上流域では梼原町で中越が圧倒的な最多であるほか、津野や中平、市川なども多い。旧東津野村では戸田が最多。

なお、この地域の中心都市である須崎市では、笹岡、堅田、梅原、森光といった独特の名字も多い。

幡多地区になると名字の構成がかなり違ってくる。室町時代に京から下ってきた一条氏が長く支配していたほか、愛媛県の南予地区と共通する名字も多い。地域全体に共通して多いのは山崎・山本だが、四万十市に合併前の旧十和村では芝、旧大正町では田辺が最多だった。黒潮町では宮地が最多で宮川も多く、澳本といった名字も集中している。この他、土佐清水市の倉松、宿毛市の有田・小島・所谷、大月町の中野・二神、三原村の杉本などが特徴。

● 落ち武者の末裔

山深い地域の多い高知県では落ち武者の末裔と伝わる家も多い。その代表が県東部に広がる小松である。平清盛の長男で、小松殿といわれた平重盛の子孫と伝えている。重盛の子維盛が源平合戦後、屋島から土佐に逃れて小松氏の祖となったという。

また、門脇中納言といわれた平教盛の子国盛は香美郡韮生郷（香美市）に落ちて来たという落人伝説があり、この付近に多い門脇氏はその子孫と伝える。

越知町片岡をルーツとする片岡氏にも、宇多源氏の出で落人の末裔という伝説もある。

落人は源平合戦の際の落人とは限らない。香美市には明石という名字が集中しているが、同市韮生には大坂の陣で敗れたのちに行方不明となった明石掃部（全登）の子孫が移り住んだという言い伝えがあり、明石家はその末裔であると伝えている。

坂本龍馬の実家である才谷屋にも、本能寺の変後に土佐に落ちて来た明

I　歴史の文化編　　45

智光秀の一族左馬之助の末裔である、という伝説が伝わっており、坂本という名字も居城のあった近江坂本に由来するという。

◆高知県ならではの名字

◎掛水（かけみず）

全国の半数以上が高知県にあり、土佐に落ちて来た安徳天皇のもとに樋を掛けて水を引いたことに由来すると伝える。

◎国沢（くにさわ）

長宗我部氏の祖能俊の弟の子孫で、土佐郡大高坂郷国沢名（高知市要法寺町）がルーツ。本山氏に属していたが、国沢将監の時、長宗我部元親に降った。江戸時代は土佐藩士となっている。

◎下司（げし）

荘園の官僚に発する職業由来の名字。下司は「げす」とも読み、荘園の現地で実際に実務を担当した荘官のこと。年貢や夫役を徴収して荘園の領主に届け、領主から給田を貰っていた。平安末期からは世襲化して下司が名字となった。香美郡久枝（南国市）の土豪に下司氏がいたことが知られている。江戸時代には久枝村の郷士となった。

◎幸徳（こうとく）

中村の豪商・俵屋が大坂から篤胤を養子に迎えた際に、実家の姓の幸徳を名乗ったことに始まる。幸徳家は京都の陰陽道の出という。以後代々薬種業を営み、4代篤道は町年寄となり、維新後は村長も務めた。篤道の孫が大逆事件で死刑となった幸徳秋水である。

◎西原（さいばら）

西原は他県では「にしはら」だが、県内では「さいばら」と読む。戦国時代の高岡郡仁井田5人衆に西原氏があり、紀伊国日高郡（和歌山県）発祥で菅原姓という。中江城（窪川町土居）に拠り、一条氏に仕えた。

◎三宮（さんのみや）

高岡郡日下（日高村）に古くからある一族。出自は藤原氏とも小笠原氏ともいうが不詳。南北朝時代、三宮頼国は葛掛城（日高村）城主で北朝方に属していた。戦国時代は蓮池城の大平氏を経て、中村の一条氏に従っていたが、元亀2（1571）年長宗我部氏に降った。

◎仙頭（せんとう）

全国の3分の2が高知県にあり、安芸地方に集中している。土佐国香美

郡専当（香美市物部町仙頭）がルーツ。のち安芸郡に移り、穴内、赤野、川北などに広がった。現在でも安芸市と室戸市には非常に多い。

◎武市

伊予国越智郡高市郷（愛媛県）がルーツで橘姓という。室町時代に土佐に来国した。現在は高知県と徳島県に集中しており、高知県では「たけち」、徳島県では「たけいち」と読む。

◎千頭

千頭は、香美郡大忍荘荘官を務めた専当氏がのちに千頭に改称し、読みも「ちかみ」と改めたものである。現在は高知市周辺に集中している。

◎浜渦

全国の8割弱が高知県にあり、安芸地方に集中している。安芸郡北川村では最多名字で安芸郡一帯に分布している。田野町では浜宇津とも書く。

◎目代

職業由来の名字。目代とは平安時代から鎌倉時代にかけての地方官僚のことで、平安後期以降、都を離れたくない国司の代わりに地方に下り、地元の在庁官人を統率して国司の代行を行った。高知市などにみられる。

◆高知県にルーツのある名字

◎安芸

県東部の名家安芸氏は、古代土佐に流された蘇我赤兄の子孫と伝えている。平安時代にはすでにこの地方の豪族になっており、『平家物語』にも源氏方の武将として登場している。

◎五百蔵

高知県を代表する難読名字で、土佐国香美郡五百蔵（香美市）がルーツ。五百蔵城に拠って長宗我部氏に属した。現在でも香北町に多い。五百蔵一族は、長宗我部氏の滅亡とともに他国に移り住んだものも多く、兵庫県の三木市や明石市にも集中している。また、高知県以外では「いおくら」に読み方を変えたものもある。

◎秦泉寺

土佐郡秦泉寺（高知市）発祥。秦泉寺氏は元、本山氏に従っていたが、弘治2（1556）年秦泉寺豊後守の時、長宗我部国親に敗れ、以後長宗我部氏に属した。現在は高知市・南国市・安芸市・土佐町の4カ所に9割以上が集中している。

I　歴史の文化編　47

◎宗円

香美郡大忍荘夜須川宗円地村（夜須町）がルーツで、大化元（654）年孝徳天皇の命で夜須に来て荒神神社の神官になったという旧家。戦国時代宗円城に拠り、文明年間安芸氏に降った。安芸氏滅亡後は長宗我部氏に仕えた。

◎別役

香美郡別役（香南市香我美町別役）がルーツで、現在も全国の4分の3が高知県にある。橘姓とも在原姓ともいい、鎌倉時代初期に土佐に入国した。長宗我部氏に仕えていたが、その滅亡後は帰農した。他県では「べつやく」とも読む。

◆珍しい名字

◎入交

長岡郡片山荘蓋村入交（南国市衣笠井川）がルーツの難読名字。嵯峨源氏渡辺党13代の渡辺源次兵衛が鎌倉時代初期に土佐に下向、入交に住んで入交氏を称したのが祖という。15代源六兵衛尉が香美郡田村荘王子（香我美町）に移った。戦国時代には長宗我部氏に仕えた。

◎勝賀瀬

吾川郡勝賀瀬（伊野町）をルーツとする名字。戦国時代の天文年間に勝賀瀬重信がこの地方を領し、孫の喜左衛門の時、庄屋となった。のち庄屋を退き郷士となった。

◎城武

香南市夜須町にある珍しい名字。城武家の祖城武安右衛門は朝鮮の武将の家に生まれたが、9歳の時、文禄の役で長宗我部元親の捕虜となり、来国した。その後、城武安右衛門と名を改めて夜須に住んだ。のち一族は廻船業や漁業を中心にして豪商となった。

◎和食

高安芸郡和食（芸西村和食）をルーツとする地名由来の名字。金岡城に拠り、南北朝時代は南朝に属していた。戦国時代柳瀬氏と結んで安芸氏に対抗したが、敗れて滅亡した。現在は高知市と安芸市に9割が集中している。

〈難読名字クイズ解答〉
①いおろい／②いのこざ／③おぐら／④おぶた／⑤かっぱ／⑥げきょう／⑦けごや／⑧げし／⑨しょうがせ／⑩ちかみ／⑪ところやま／⑫べっちゃく／⑬まま／⑭りっせん／⑮わじき

Ⅱ

食の文化編

米／雑穀

地域の歴史的特徴

紀元前300年頃には広大な水田のある農耕集落が出現していたことが南国市の田村遺跡の発掘などで判明している。

1869（明治2）年には、山内豊範が、薩摩、長州、肥前の藩主とともに版籍奉還を申し立てた。1871（明治4）年には土佐藩が高知県となった。高知の由来は①河内、つまり鏡川と江ノ口川との河内の地域、②山内一豊が築城時に河中（コウチ）山と名付けた、の2説がある。どちらも水害の連想を嫌い、表記を高知とした。

コメの概況

水稲の作付面積の全国順位は39位、収穫量は40位である。高知県は平野が少なく水田をつくるのが難しかったことや、台風の被害を受けやすいことなどから、農業産出額に占めるコメの割合は多くない。収穫量の比較的多い市町村は、①南国市、②高知市、③四万十町、④四万十市、⑤香南市、⑥香美市、⑦佐川町、⑧宿毛市、⑨土佐市、⑩安芸市の順である。県内におけるシェアは、南国市13.6％、高知市12.0％、四万十町11.7％、四万十市9.0％、香南市6.1％などで、南国市と高知市で4分の1以上を占めている。

高知県における水稲の作付比率は、うるち米97.1％、もち米2.3％、醸造用米0.6％である。作付面積の全国シェアをみると、うるち米は0.8％で全国順位が徳島県、長崎県と並んで38位、もち米は0.5％で香川県、愛媛県と並んで35位、醸造用米は0.3％で茨城県、山梨県、熊本県と並んで29位である。

かつては温暖な気候を利用して1年の間に2回作付けして2回収穫する二期作が行われていた。しかし、政府の減反政策などを受けて二期作はほとんどみられなくなった。現在は、早期米の産地として、大半の田が8月

には刈り入れを終わる。

知っておきたいコメの品種

うるち米

（必須銘柄）あきたこまち、コシヒカリ、さわかおり、ナツヒカリ、南国そだち、ヒエリ、ヒノヒカリ

（選択銘柄）アキツホ、イクヒカリ、キヌヒカリ、黄金錦、土佐錦、にこまる、ヒカリ新世紀、ヒカリッコ、ひとめぼれ、フクヒカリ、ミルキークイーン、夢ごこち

　うるち米の作付面積を品種別にみると、「コシヒカリ」が最も多く全体の52.8％を占め、「ヒノヒカリ」（30.0％）、「にこまる」（4.6％）がこれに続いている。これら3品種が全体の87.4％を占めている。

- ●コシヒカリ　平坦地で多く栽培されている。収穫時期は9月上旬である。県中産「コシヒカリ」の食味ランキングはAである。
- ●ヒノヒカリ　平坦地から中山間地まで幅広く栽培されている。収穫時期は9月中旬～下旬である。県北産「ヒノヒカリ」の食味ランキングはAである。
- ●にこまる　県西産「にこまる」の食味ランキングは、2016（平成28）年産で初めて最高の特Aに輝いた。

もち米

（必須銘柄）なし

（選択銘柄）サイワイモチ、たまひめもち、ヒデコモチ

　もち米の作付は他品種に分散しており、比較的多いのは「たまひめもち」（13.0％）、「サイワイモチ」（同）、「ヒデコモチ」（8.7％）などである。

醸造用米

（必須銘柄）風鳴子、吟の夢、山田錦

（選択銘柄）なし

　醸造用米の作付面積の品種別比率は「吟の夢」が全体の83.3％と大宗を占め、「山田錦」は16.7％である。

● **吟の夢**　高知県が「山田錦」と「ヒノヒカリ」を交配し1998（平成10）年に育成した。高知県の風土で淡麗な酒ができる。耐倒伏性は中、いもち病抵抗性はやや弱い。

知っておきたい雑穀

❶小麦

小麦の作付面積、収穫量の全国順位はともに45位である。主産地は四万十町で、県内作付面積の50.0%を占めている。

❷そば

そばの作付面積の全国順位は45位、収穫量は神奈川県と並んで44位である。産地は南国市、梼原町などである。栽培品種は「高知在来」などである。

❸大豆

大豆の作付面積の全国順位は40位、収穫量は42位である。産地は四万十町、香美市、梼原町、高知市、南国市などである。栽培品種は「フクユタカ」などである。

❹小豆

小豆の作付面積の全国順位は静岡県と並んで41位である。収穫量の全国順位は43位である。主産地は四万十市、大豊町、大月町などである。

コメ・雑穀関連施設

● **山田堰井筋**（香美市）　山田堰は、江戸時代初期の儒学者で土佐藩の重臣、野中兼山が一級河川物部川をせき止めてかんがい用に築造した取水堰である。堰の長さは324m、幅11m、高さは1.5mである。延長25kmの用水路で香長平野の田園地帯1,462haを潤している。このあたりはかつて水稲二期作地帯だった。

● **弁天池**（安芸市）　江戸時代初期の1673（延宝元）〜80（同8）年頃、土佐藩山内家の家老で、安芸を治めていた五藤家5代当主五藤正範が築造した。新田開発の一環で、財政を安定させるのが目的だった。弁天池を中心とした内原野公園は県立自然公園にも指定されている。園内では春に1万5,000本のツツジが咲き乱れる。

● **四ヶ村溝**（四万十市）　江戸時代に野中兼山が、中村平野の秋田村、安

並村、佐岡村、古津賀村の4村の水田かんがい用に建設した用水路。四万十川の支流である後川に長さ160m、幅11mの井堰を築造した。住民は水車で田に水を引いた。水車は現在も稼働している。4村はその後、合併して東山村に、さらに合体し中村市に、現在は四万十市の一部である。

- **鎌田用水**（土佐市と周辺地域） 江戸時代に野中兼山が、高岡平野の水田かんがい用に建設した。延長は47kmである。当時の技術を駆使して八田堰を築造した。受益面積は673haである。これによって、沼地だった高岡平野は田園地帯に変貌した。疎水は紙すきにも活用された。

コメ・雑穀の特色ある料理

- **土佐巻**（県内各地） カツオのタタキと生ニンニク、大葉などの薬味を巻いた高知定番の太巻きすしである。カツオの下ごしらえのとき、塩を振って30分ほど置き、カツオの表面に浮いた水分をペーパータオルで拭き取ると、魚の臭みがとれてうま味が増す。好みでネギを入れてもよい。巻きずしを切るときは包丁に水をつけ、刃をゆっくり引くと断面がきれいになる。

- **田舎ずし**（県内各地） ネタはコンニャク、タケノコ、シイタケ、ミョウガ、イタドリなど山の幸が中心というユニークなすしである。イタドリは、高知では普通に食べる春の山菜で、コリコリとした食感がある。田舎ずしは、県内各地で地元の具材を使ってつくられているため、食べ比べも一興である。決め手はユズ酢の効いたすし飯という。

- **キビナゴ丼**（宿毛市） キビナゴは南日本に生息するニシン科の海水魚で、伊豆半島以西でよく食べられている。宿毛湾は古くからキビナゴの好漁場として知られ、全国有数の漁獲量を誇る。その刺し身をのせたどんぶりがキビナゴ丼である。一年中味わえるが、脂がのる5月〜6月が旬である。煮つけや天ぷらでも食卓に上る。

- **こけら**（東洋町など） 一度に一升から一斗の米を使ってつくる豪快な押しずしである。材料は、サバ、卵、ニンジン、干しシイタケ、ユズ酢などである。サバは三枚におろして炭火で焼き、身をほぐしてユズ酢に浸す。幾重にも重ねることで喜びが重なるようにという意味が込められている。

Ⅱ　食の文化編　53

コメと伝統文化の例

- **吉良川の御田祭**（室戸市）　室戸市吉良川町の御田八幡宮の神田で行われる祭事で、田植から収穫までを舞楽によって演じる。芸能史的に価値が高いとされる。鎌倉幕府の当初、源頼朝が五穀豊穣などを祈念するため全国の神社で奉納させたと伝えられる。開催日は西暦奇数年の5月3日。

- **久礼八幡宮大祭**（中土佐町）　戦国時代から続く秋の豊作などに感謝する祭りである。久礼八幡宮で天狗の面を被って海に向かって豊作、豊漁を祈る神事が行われる。地元では「久礼八」「おみこくさん」などの愛称で親しまれている。長さ6m、重さ1トンの大松明が、深夜、町の中心部である久礼のまちを練り歩く「御神穀様」が見どころである。開催日は旧暦の8月14、15日。

- **八代農村歌舞伎**（いの町）　歌舞伎が全国的に流行した江戸時代後期に「氏神様は芝居がお好き」として、稲作の区切りに豊作を感謝し八代八幡宮の舞台で歌舞伎を奉納したのが始まりである。明治初期に再建された八代の回り舞台は昔は神楽殿で、国の重要有形民俗文化財である。開催日は毎年11月5日。

- **百手祭**（香南市）　五穀豊穣などを願って、氏子のなかから選ばれた12人の射手が2日間で1,200本以上の矢を射る祭りである。400年以上の伝統がある。田畑を荒していた牛鬼を弓の名手・近森左近が退治したことに由来する。開催日は毎年1月の2回目の卯と辰の日。北川村の「星神社の御弓祭り」、大豊町の「百手の祭り」と並ぶ高知県内三大弓神事の一つである。

- **どろんこ祭り**（高知市）　五穀豊穣などを祈って若宮八幡宮で行われる春祭りである。400年以上の歴史がある。「女天下のどろんこ祭り」で、早乙女など浴衣姿の女性が男性の顔に泥を塗りたくる。泥を塗られた男性は、その夏病気にかからないという言い伝えがあり、お礼をいうのが習わしである。地元の長浜を中心に、桂浜や高知市内まで浴衣姿の女性が繰り出す。開催日は4月の第1土曜日から3日間。

こなもの

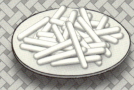
ケンピ

地域の特色

　四国の南部に位置する県で、太平洋に面した海岸線はリアス式海岸を形成し、南東部に室戸岬があり、南西部に足摺岬があり、その間が土佐湾となる。東西に長い形状をしており、北部は四国山地が占め、県域の8割もある。平地は高知平野、中村平野、安芸平野が広がる。平野には物部川、仁淀川（によど）が流れている。気候は、黒潮の影響を受け、温暖である。梅雨の時期と夏は降雨量は多い。台風の通り道であるから、風水害も多い。

　かつての土佐全域であり、江戸時代には、土佐藩・山内氏の領地であり、県庁所在地の高知市は近世、城下町として栄えた。物部川や四万十川の治水には、土佐藩初期の家老・野中兼山（けんざん）の功績が大きかった。

食の歴史と文化

　山がちなため稲作は少ないが、温暖で日照時間が長いため野菜の栽培に適している。伝統野菜には、十市（といち）ナス、十市往来シシトウ、弘岡カブ、土佐ブンタン、イタドリなどがある。近年は、1個1kgほどの土佐ブンタンが、関東地方の市場でもみられるようになった。

　土佐は、カツオ漁の盛んなところで、黒潮にのって移動するカツオを南のほうから東北方面まで追い、鮮魚だけでなく、カツオのたたきのような半調理品、なまり節や鰹節、缶詰のような加工品として利用されている。

　高知の代表的郷土料理である「皿鉢料理（さわち）」は、直径30cm以上の皿に、魚（カツオ・ブリ・ヒラメ・イカ、その他の魚介類）の刺身や焼き物、すし、揚げ物、季節の野菜などを盛りつけて提供する料理で、祝い事のときに用意することが多い。素麺を盛る場合もある。豪華に見え、好きなものを好きなだけ食べられる。京都の膳式料理の名残の料理で、発祥は江戸時代のようだが、明治維新後に一般化し、家庭でも用意するようになった。京都や金沢のタイの蒸し料理に似た「鯛の玉蒸し料理」がある。マダイの

II　食の文化編　55

腹の内臓を除き、その中に各種の具材を詰めて蒸した料理である。

知っておきたい郷土料理

だんご・まんじゅう類

①ほしかもち

「ほしか」の粉とは、サツマイモの皮のまま輪切りにして干したもの＝「ほしか」という）を台唐臼で搗き、石臼で挽いて粉にしたものをいう。ほしかの粉で作るもちを「ほしかもち」といい、春先に食べ、山仕事の弁当にも利用する。

「ゆでもち」と「蒸しもち」の2種類がある。ほしかの粉を少し硬めに練り、適当な大きさに丸めて、熱湯に入れて茹でたものが「ゆでもち」である。節句、彼岸には、ほしかの粉に少量の小麦粉やそば粉を混ぜて、水を入れて練る。小豆餡を入れて蒸して作る。

②そばもち

そばだんごともいい、そば粉に水を加えて練る。あるいは、だしじゃこ（煮干し）でとったダシ汁で、薄い塩味をつけ、そば粉を入れて練り上げて作る。適当な大きさにちぎって丸め、蒸してつくったものと、湯の中に入れて茹でたものと作り方により2種類の「そばもち」がある。来客のあるときや神祭、節句などのハレの日に作る。日常の間食や食事のたしに作ることもある。旧暦の12月1日（「おとごのついたち」という）には、新そばでそばもちを作って、神に供える。

中には小豆餡を入れることもある。また、餡には、固形の黒糖を刻んだ1塊を生地で包んで丸めたりもする。黒糖は、もちの中では溶け、食べるときに飛び出してくる。

昔は冬の夜に、家庭の茶の間で作ったものである。

③ほしかだんご

茹でたサツマイモを乾燥した「ゆでほしか」を水に浸けて軟らかくし、たっぷりの水で煮る。半煮えのものを、もち米を加えて炊き上げる。熱いうちにすりこぎで搗き、冷めてからだんごに丸める。小豆餡をからめて食べる。

ゆでほしかに小豆を混ぜて炊いただんごは、八朔（旧暦8月1日）に作る。

八朔には、贈りものをして祝う習俗が、古くからあった。

④しばもち

　端午の節句の祝いに作る柏餅に似た粉もち。柏の葉の代わりに、サルトリイバラの葉（ミョウガの葉を使うこともある）一枚一枚で小豆餡を包んだ生地に当てて蒸す。粉もちの生地は、もち米、小麦粉、生きり干しサツマイモの粉を捏ねて作る。

⑤ケンピ

　小麦粉と砂糖のみで作った菓子で、堅く、噛みしめていくと香ばしさと甘さが感じられる飽きのこない味である。噛みしめて楽しむ高知の茶菓子。製造元の「西川屋老舗」は元禄元（1688）年の創業で、土佐藩主・山内一豊などを含む山内侯に勤めた土佐の御用菓子屋。明治時代まで御用菓子屋は続いた。ケンピの材料の小麦粉の値段が高かったので、サツマイモを使った芋ケンピが広まったこともあった。

お焼き・焼きおやつ・お好み焼き・たこ焼き類

①ひきごもち

　小麦粉で作った餅で、小麦粉を水で練り、小豆餡を入れて丸め、サルトリイバラの葉やミョウガの葉などで包んで蒸したものと、小豆餡を包んだ生地を油をしいた鍋で焼いたものがある。夏真祭り、七夕、お盆、八朔（旧暦の8月1日）に作る。

めんの郷土料理

①なすのそうめん煮（南国市）

　夏の野菜であるナスとそうめんを組み合わせたそうめん料理。縦に切ったナスとだしジャコを煮た中に、そうめんを入れて煮込む。

②皿鉢料理とそうめん

　高知の郷土料理の皿鉢料理には茹でたそうめんを添える場合もある。

Ⅱ　食の文化編　　57

▶ 全国一の出荷量を誇るブンタン

くだもの

地勢と気候

　高知県は四国の南部に位置する。北は四国山地によって徳島県と愛媛県に接し、南は太平洋に面している。東に室戸岬、西に足摺岬が太平洋に突き出し、その間が土佐湾という東西に細長い扇状の地形である。森林が県土の84％を占める。四万十川をはじめ、仁淀川、物部川、安田川など四国山地を源とする河川が流れている。

　冬季は、山間部や豊後水道に面した地方は、北西の季節風の影響で雪が多い。中部や東部の平野や海岸部では冬は晴天が多く、日照時間が年間2,000時間を超えるなど、温暖な気候に恵まれている。夏季は、南寄りの湿った気流が四国山地に吹きつけるため、東部や山間部では雨が多い。東部の魚梁瀬地方は年間降雨量が4,000mmと有数の多雨地帯であり、山間部では平年で3,000mmを超えるところが多い。

知っておきたい果物

ブンタン　漢字では文旦と書く。ブンタンは土佐市の戸波地区が発祥の地である。ブンタンの栽培面積は全国の85.4％、収穫量は93.0％を占め、占有率がきわめて高い。主産地は土佐市、須崎市、宿毛市、高知市などである。栽培品種は「水晶ブンタン」「土佐ブンタン」などである。出荷時期は「水晶ブンタン」が8月上旬〜12月下旬、「土佐ブンタン」が10月上旬〜4月下旬頃である。

ユズ　ユズの栽培面積は全国の35.6％、収穫量は47.3％を占め、ともに全国1位である。主産地は安芸市、馬路村、北川村、大豊町、三原村、香美市などである。出荷時期は10月上旬〜3月下旬頃である。

　三原村で産出する「みはらゆず」は生果のほか、「ゆずこしょう」「ゆず茶」などにも加工し、販売している。

サンショウ　サンショウの栽培面積、収穫量の全国順位は、ともに和歌山県に次いで2位である。主産地は越知町、四万十市などである。

越知町では、県を流れる一級河川の淀川流域で生産されたサンショウだけを使った「乾燥粒山椒」「純粉山椒」なども生産、販売している。

ヒュウガナツ　日向夏とも書く。小夏ともいう。ヒュウガナツの栽培面積、収穫量の全国順位は、ともに宮崎県に続いて2位である。主産地は土佐市、宿毛市、黒潮町などである。出荷時期は3月上旬〜7月下旬頃である。

スダチ　スダチの栽培面積の全国順位は徳島県に次いで2位、収穫量は徳島県、佐賀県に次いで3位である。主産地は四万十町、土佐市などである。

カワチバンカン　カワチバンカンの栽培面積、収穫量は、ともに愛媛県、熊本県に次いで3位である。主産地は黒潮町、大月町、四万十市などである。

オウゴンカン　黄金柑の栽培面積、収穫量の全国順位はともに4位である。主産地は香南市などである。出荷時期は3月上旬〜4月下旬頃である。

ギンナン　ギンナンの栽培面積の全国順位は4位、収穫量は12位である。主産地は香美市、四万十市、大豊町などである。

ポンカン　ポンカンの栽培面積の全国順位は5位、収穫量は3位である。主産地は東洋町、須崎市、土佐清水市などである。出荷時期は12月〜2月頃である。

ハルカ　ハルカの栽培面積の全国順位、収穫量の全国順位はともに6位である。主産地は四万十市、香南市などである。出荷時期は2月〜3月頃である。

ナツミ　ナツミの栽培面積の全国順位は9位、収穫量は8位である。主産地は黒潮町、香南市、四万十市などである。

ハレヒメ　ハレヒメの栽培面積の全国順位は9位、収穫量は8位である。主産地は四万十市、黒潮町などである。

セトカ　セトカの栽培面積の全国順位は12位、収穫量は9位である。主産地は香南市、黒潮町、土佐市などである。

マンゴー　マンゴーの栽培面積の全国順位は、東京都、愛知県と並んで10位である。収穫量の全国順位は9位である。主産地は南国市、土佐清水市などである。

ビワ　ビワの栽培面積の全国順位は11位、収穫量は10位である。主産地は室戸市、須崎市などである。

ダイダイ　ダイダイの栽培面積の全国順位は3位、収穫量は11位である。主産地は越知町などである。

スモモ　スモモの栽培面積の全国順位は16位、収穫量は12位である。主産地は高知市、土佐市、香南市などである。

ハルミ　ハルミの栽培面積の全国順位は15位、収穫量は12位である。主産地は香南市、南国市、四万十市などである。

レモン　レモンの栽培面積の全国順位は19位、収穫量は12位である。主産地は香南市、黒潮町、芸西村などである。

ハッサク　ハッサクの栽培面積の全国順位は16位、収穫量は14位である。主産地は四万十市、土佐市、越知町などである。

伊予カン　伊予カンの栽培面積の全国順位は15位、収穫量は14位である。主産地は越知町、佐川町などである。

不知火　不知火の栽培面積の全国順位は20位、収穫量は17位である。主産地は四万十市、黒潮町、安芸市などである。出荷時期は1月～4月頃である。

ミカン　ミカンの栽培面積の全国順位、収穫量の全国順位はともに19位である。

日本ナシ　日本ナシの栽培面積の全国順位は25位、収穫量は23位である。栽培品種は「豊水」「新高」などである。出荷時期は「豊水」が9月、「新高」が10月頃である。

カキ　カキの栽培面積、収穫量の全国順位はともに31位である。高知県には「豊年柿にけかち栗」、つまりカキがたくさん実った年は米も豊作で、クリのできが悪い年は不作という言い伝えがある。

リンゴ　リンゴの栽培面積の全国順位は37位、収穫量は34位である。産地は土佐町、佐川町などである。

桃　桃の栽培面積の全国順位は30位である。収穫量の全国順位は茨城県と並んで34位である。

イチジク イチジクの栽培面積の全国順位は神奈川県と並んで36位である。収穫量の全国順位は37位である。主産地は高知市、香南市、奈半利町などである。出荷時期は7月上旬～9月下旬頃である。

ブルーベリー ブルーベリーの栽培面積の全国順位は37位、収穫量は富山県と並んで38位である。主産地は佐川町、南国市、安芸市などである。

クリ クリの栽培面積の全国順位は21位、収穫量は39位である。産地は四万十町、高知市などである。

ブドウ ブドウの栽培面積、収穫量の全国順位はともに41位である。産地は土佐町、四万十町などである。

メロン メロンは高知市、南国市、土佐市、香南市などで生産されている。各産地とも「アールスメロン」については、ほぼ通年出荷できる態勢を整えている。高知市春野地域では「マスクメロン」「エメラルドメロン」、香南市夜須地域では「エメラルドメロン」を中心に生産している。「エメラルドメロン」の出荷時期は6月～7月頃である。

ヤマモモ ヤマモモの主産県は3県で、高知県の栽培面積の全国順位は3位、収穫量は2位である。主産地は室戸市、奈半利町、北川村などである。出荷時期は5月上旬～7月下旬頃である。

パインアップル 土佐清水市では、水や肥料を最低限に抑えることで植物本来の力を最大限活かす農法で「芳香完熟パイン」を生産している。

スイカ 主産地は室戸市、香南市、黒潮町などである。出荷時期は10月上旬～7月下旬頃である。

> **地元が提案する食べ方と加工品の例**

果物の食べ方

ひめいちとみかんの辛子煮（香南市）

ヒメイチは海水魚で、ホウライヒメジともいう。ヒメイチを辛子2～3本とともに弱火で骨がやわらかくなるまで煮る。ゆでて、みじん切りにしたミカンの皮を加え、煮あげる。

みかんずし（香南市）

　ミカン果汁で米を炊き、オレンジ色のご飯に酢をきかせたミカンの香り豊かなちらしずし。小エビなどを具に。

みかんもち（宿毛市）

　蒸し器に、一晩水に浸したもち米を入れ、上に皮ごと横半分に切ったミカンを並べて蒸す。白あんは白花豆を煮てつくる。もち米をミカンと一緒につき、あんを入れ、とりもちにして丸める。

柿巻き卵（いの町）

　材料は地鶏の卵、干し柿、小麦粉かかたくり粉と油。殻をむいたゆで卵を、縦に切れ目を入れて長くのばし、小麦粉などをまぶした干し柿で巻き、揚げる。カキが小さいときは２個使う。

ひえ入り栗ごはん（本山町）

　米、ひえ（米の１割程度）に、渋皮をとって４つ割りしたクリ、小口切りにした鶏肉、コンニャク、ニンジン、ゴボウ、水で戻した干しゼンマイ、カチリジャコ、醤油などを加えて炊く。

果物加工品

- ポン酢しょうゆゆずの村　ＪＡ馬路村
- ゆずしぼり　ＪＡ馬路村

消費者向け取り組み

- 道の駅四万十とおわ　四万十町、地元の資源を加工した特産品

魚　食

地域の特性

　高知県は四国地方の南部に位置し、東西に長い形状であり、県域の80％が山地で、平野は狭く、物部川や仁淀川（によど）が流れている。太平洋に面した海岸線はリアス式海岸となっている。黒潮の影響により温暖な地域である。足摺岬から室戸岬に大きく広がる土佐湾の沖は、黒潮が回遊するのでカツオ、カジキ類、マグロ類の漁場となっている。沿岸はイワシ、ブリ、マアジ、マサバなどが回遊している。足摺岬や室戸岬の周辺は岩礁が続いているので、イシダイなどの磯魚や定着性の貝類や海藻も生育している。土佐湾には四万十川（しまんと）を含む大小の河川から運ばれる栄養分も魚の生育の好適な海域となっている。土佐湾の沖の太平洋は宇和海にも流れている。

魚食の歴史と文化

　四国山脈に囲まれた高知県域は、黒潮の運ぶ海の幸、南国の太陽に育まれた田畑の作物に恵まれている。県民は豪快で、周囲のことに迎合せず、失敗をおそれない性質をもっているといわれているが、繊細な土俗性の強い食文化の土佐料理（皿鉢料理（さわち））を成功させたともいわれている。海岸線は岩礁地帯も多いのでアワビやウニも利用している。阿南地区では秋祭りにはエボダイ（イボダイ）の棒ずしを作って祝う。徳島で採集した鳴門わかめは、灰を撒いて乾燥する「灰干しわかめ」がよく知られている。カツオ漁の漁業基地のある高知の土佐清水・土佐市宇佐はカツオ節の生産地としても有名である。江戸時代初期に港湾を建設してから、カツオ漁業の基地として発展し、カツオ節の製造も行うようになった。土佐節の起源については、安土桃山時代か江戸時代初期に土佐清水沖にカツオ漁にやってきた漁師が、カツオ節の作り方を土佐の漁民に伝授したことによるといわれている。土佐の代表的郷土料理である皿鉢料理は、江戸時代初期の頃から考えられたようである。江戸時代初期の1674（延宝2）年に、土佐藩が定

めた掟書に、「砂鉢」の文字がでていることによると推察されている。皿鉢料理は、料理の種類によってそれぞれの器に盛られて供される「本膳料理」とは違って、九谷焼や有田焼など高価な大皿に、海の幸も山の幸も一緒に盛り、各自が取り分けて食べるというスタイル料理で、豪華さと簡便さが同居したような料理である。

知っておきたい伝統食品・郷土料理

地域の魚　太平洋に面しているので、利用されている魚介類の種類は多い。主なものに、春はアオノリ・ドロメ（カタクチイワシ）・サワラ・カツオ・ニシガイ、夏はシイラ・イサキ・イシダイ・クロダイ・エソ・ハマチ・アワビ・トコブシ・サザエ、秋はサバ・戻りガツオ・ボラ・イカ・メジナ・ハガツオ、冬はウルメイワシ・クエ・ブリ・青昆布などがあげられる。このほかに、かつてはクジラも水揚げされた。夏はイセエビも漁獲される。

　高知県内に水揚げされる魚の種類が多いのは、岩礁や黒潮の影響である。ビンナガ、カツオ、マンボウ、マアジ、ムロアジ、イワシ、メジナ、ブリ、マダイ、アマダイ、キンメダイ、カワハギ、キス、カマス、ハモ、ウツボなどがある。

伝統職品・郷土料理

①祝いの膳

- ●皿鉢料理　高知県特有の豪華に見えるハレの日あるいは祝いの日、寄り合いの日の料理である。使用する魚は、マダイ・カツオ・ブリ・ヒラメ・カレイ・スズキ・エビ（イセエビも含む）・イカ・サザエ・トコブシなどである。料理には、刺身・酢の物・和え物・焼き物・蒸しもの・揚げ物・すしなどのほかに季節の野菜の料理がある。これらの料理のうち、刺身やすしなどは特大の大皿に盛り付ける。ダイコン・キュウリ・青ジソを刺身のツマ（ケン）として盛り付けるのも特徴である。

- ●料理の組み合わせ　エビ・イカの塩焼き、トコブシの塩蒸し、トコブシ（ナガレコ）の甘煮、マダイ・コンニャク・タケノコの煮つけ、蒲鉾、コブずしを盛り合わせた組物。

- ●すし類　サバの姿ずし、酢漬けのタチウオを使ういさまずしの2種を盛

り合わせる。

②カツオ料理

- **カツオのたたき**　高知県の郷土料理。土佐つくりともいう。三枚におろしたカツオの身を、背と腹に分け、塩を振って串打ちし、ワラで軽く焼く。ポン酢や二杯酢に、ニンニク、アサツキ、ショウガなどのみじん切りを入れたものをかけ、包丁や手のひらで軽くたたき、味をしみこませる。
- **酒盗（しゅとう）**　カツオの内臓を刻んで作った塩辛。
- **かつお茶漬け**　宴席で残ったカツオの刺身を、醤油に漬け、ご飯の上に載せて番茶をかける。

③タイの料理

- **タイのたま蒸し**　味付けしたおからを溶き卵と混ぜ、タイの腹に詰めて蒸しあげたもの。皿鉢料理にも使う祝い料理。

④カタクチイワシの料理

- **どろめ料理**　カタクチイワシの稚魚（ドロメ）すまし汁の実、またはヌタにする。土佐のユズ酢の二杯酢をかけて食べるのが特徴である。

⑤ボラの料理

- **湯ぼら**　三枚におろしたボラを湯がき、ナツミカンを加えた酢醤油で食べる。浦戸湾で獲れたボラを使った船中料理である。

⑥その他

　土佐湾で獲れたウルメイワシの丸干し、ツガニ（モクズガニ）料理（加熱して食べる）などがある。

▼高知市の1世帯当たりの食肉購入量の変化 (g)

年度	生鮮肉	牛肉	豚肉	鶏肉	その他の肉
2001	34,987	8,593	11,520	12,069	1,101
2006	35,440	7,918	12,320	12,216	1,572
2011	40,208	7,515	15,622	13,352	1,152

　高知県は東西に長く、北部には四国山脈が連なり、太平洋に面している海岸線は長いが、全体として山地が多い。畜産関係では、銘柄牛として土佐和牛を開発し、土佐ジローや土佐はちきんなどの銘柄鶏などがよく知られている。

　高知県の天然記念物となっている小地鶏(土佐地鶏)は、小型の地鶏である。小地鶏は日本の地鶏では一番小型で、羽や大きさから古代ニワトリの面影を強く残している地鶏と考えられ、天然記念物として保存されている。土佐地鶏である小地鶏は天然記念物なので保護されている。現在の土佐地鶏は「土佐ジロー」といい、高知県畜産試験所が高知県特産の土佐地鶏の雄とアメリカ原産のロードアイランドの雄を交配してつくられた一代雑種のニワトリである。

　高知県の銘柄牛は「あか牛」の名で紹介されることがある。「あか牛」とは、褐毛和牛のことである。大友宗麟(1530～87)の時代に役牛として輸入され豊後に多くいた朝鮮半島系のウシを、明治時代に熊本・高知に送り、明治時代にシンメンタール種の雄を交配させたものから、改良を重ねてできたものである。高知県で飼育されている高知系のウシは全国和牛登録協会に属する。

　高知県は、カツオ漁業を含めた水産業の盛んなところであるので、魚介類が食卓にのぼることが多いためか、どの年度も1世帯当たりの生鮮肉の購入量は、関東地方や関西地方に比べればやや少ないようである。高知市の1世帯当たりの牛肉と豚肉の購入量は、四国地方の全体の1世帯当たりの牛肉や豚肉の購入量に比べれば少ないようである。高知市の鶏肉の購入

凡例　生鮮肉、牛肉、豚肉、鶏肉の購入量の出所は総理府発行の「家計調査」による

量については四国地方の購入量とほぼ同じ程度である。

　高知県の1世帯当たりの生鮮肉の購入量に対する牛肉の購入量の割合は18.6〜24.6％である。これに対して、豚肉と鶏肉の購入量の割合は32〜38％と多い。鶏肉や豚肉のほうが価格的に安いから買いやすいということも考えられる。

知っておきたい牛肉と郷土料理

❶土佐和牛

　品種は県内で肥育された和牛（褐色和牛、黒毛和牛）。小さなサシが入り、軟らかく、味はまろやか。褐毛和牛は高知県だけでなく、熊本、東北や北海道にも棲息している。高知の褐毛和牛の毛色は、熊本系の褐毛和牛の毛色と違い、目の周囲、鼻、蹄が黒い。これを「毛分け」という。体質は、強靭で暑さに強く、おとなしい性格のウシである。適度な脂肪を含み、安全で美味しい。肉質の特徴は、筋線維が細かくまろやかで、脂肪含有量も適度で、コクもある。地域によっては、土佐赤牛、嶺北牛、カルスト牛、津山牛ともよぶ。

❷大川黒牛（黒毛和種）

　大川村で飼育している黒毛和種は大川黒牛とよばれる。但馬系の黒毛和種を改良した銘柄牛。大自然の中、傾斜地で運動するので健康な若牛をたっぷりと時間をかけて肥育している。毎年、11月には大川黒牛のPRの目的のために、謝肉祭が開かれる。肉質は黒毛和種の特徴である霜降りのよい肉である。

牛肉料理

● **牛丼**　吉野家の牛丼は、高知県でも人気らしい。吉野家の牛丼でも刻んだ長ネギをたっぷりのせ、それに生卵をのせてある。

知っておきたい豚肉と郷土料理

❶窪川ポーク米豚

　「窪川養豚協会」が配合飼料の統一などの生産体制をとり、品質の向上に取り組んでいる。四万十川が流れる四万十町は標高230mの位置にあるので、昼夜の気温の差が大きく、美味しい米の産するところである。ここ

Ⅱ　食の文化編　　67

で生産される仁井田米を給与して飼育したブタである。赤身肉の脂肪の交雑（霜降り）は豊富で肉質の軟らかさに関与している。

- **窪川地区の豚肉料理**　窪川米豚丼と炙り焼き丼がある。窪川米豚丼は、ご飯に米豚の生姜焼きや豚の焼肉をたっぷりのせた丼。「窪川あぶり焼き丼」はホテル松川温泉の名物料理で、炙った豚肉を丼ご飯の上にのせたもの。

知っておきたい鶏肉と郷土料理

❶土佐ジロー

高知畜産試験場が開発した卵肉兼用の品種である。土佐地鶏の雄とロードアイランドレッドの雌の交配種である。大型の鶏ではないが、肉質は締まりとコクがある。

❷土佐はちきん地鶏

土佐九斤と大軍鶏の交配によりできたクキンシャモと、白色プリマスロックの交配により、高知県が開発した地鶏。

鶏肉料理

- **丸焼き類**　高知の名物鶏料理は、処理した鶏肉を小さく切らないで、丸の形や半身など骨付きのままオーブンで焼いた料理が多い。高知の人々の客に対するおもてなし料理の一つである。

知っておきたいその他の肉とジビエ料理

高知県が野生の鳥獣の被害を防ぐ対策を計画しているのは、他の都道府県と同じである。地鳥獣の被害からの防御と同時に里山の保全のためにも企画している。高知県は、ジビエ料理の開発に対し、他の都道府県よりも積極的に取り組んでいるのがみられる。

- **イノシシのチャーシュー**　イノシシ肉を販売している食品会社は、イノシシ肉を冷凍状態で販売するほか、レトルトのイノシシ肉のチャーシューを開発し、道の駅で販売している。
- **シシ鍋**　高知県の仁淀川町の山間部や四万十川の上流の民宿や食事処ではシシ鍋を提供するので、シシ鍋ツアーなどが計画されている。さらに四万十川の近くで催される1月の「とわ鍋祭り」では「きじ鍋、しし鍋、

包丁汁」を提供する。

- **土佐鹿料理** （一社）香美市観光協会が主体となり、シカ肉の燻製、味噌漬け、ソーセージ、ハンバーグなどを、土佐鹿のブランドの名で販売している。ソーセージには特製のケチャップ、ピクルスなども一緒に販売している。

- **キジ料理** 土佐・本川で捕獲したキジは鍋料理、水炊き、ちゃんこ鍋、もつ鍋、キムチ鍋などで食べる。さらに、㈱木箱建設は本川でキジを飼育している。これを木の箱にセットし献上品として提供している。野生の鳥ではないので、計画生産ができる利点がある。

- **鹿肉プロジェクト** 2009（平成21）年に香美市では「山を守りたい、美味しい鹿肉をたべたい」をスローガンに、シカなど野生の鳥獣による里山や農作物の被害から守るために運動を始めている。（公財）高知県産業振興センターがジビエの事業を支援している。

地鶏

▼高知市の1世帯当たり年間鶏肉・鶏卵購入量

種類	生鮮肉（g）	鶏肉（g）	やきとり（円）	鶏卵（g）
2000年	34,538	10,527	1,751	32,681
2005年	36,766	11,179	1,733	30,276
2010年	34,325	11,283	1,812	27,850

　高知県は、水産業ばかりでなく畜産業も盛んであった。豚では「窪川ポーク米豚」、牛では「土佐あかうし」などのブランドものがある。

　地鶏は土佐はちきん地鶏、土佐ジローが有名である。土佐はちきん地鶏は、高知原産の地鶏「土佐九斤（コーチン）」と大軍鶏を掛け合わせた雄と、白色プリマスロックの雌の交配によってつくられた肉専用の地鶏である。肉質はしまっていて余分な脂肪はついていない。鍋料理に向いている。土佐ジローは、天然記念物の「土佐地鶏」を親にもつ地鶏で、うま味が凝縮されている。卵肉兼用の地鶏である。卵は小ぶりだが、卵黄の割合が多く、濃厚な味わいを楽しめる。土佐ジローの生産者は、高知県土佐ジロー協会である。

　銘柄鶏には、四万十鶏（生産者：高知県食鶏農業協同組合）がある。

　高知県の地鶏の食べ方は、しゃもすき鍋が有名である。キジは雉鍋、カモは鴨鍋がある。

　2000年、2005年、2010年の高知市の1世帯当たりの生鮮肉の購入量は、2005年が最も多いが、松山市の家庭よりも少ない。鶏肉の購入量は、2000年よりも2005年、2005年よりも2010年と多くなっているが、松山市の家庭よりも少ない。鶏は鍋で食べることの多い高知市だから購入量は多いように思うが、もしかしたら、農家で処理し、近所に分けているかもしれない。

　やきとりの購入金額は2000年より2005年が少なく、2005年より2010年が増えている。金額から推察するところ、4人家族の家庭なら、一人3本を食べるとすると、年に1回ほどしか購入しないのではないかと思われる。

知っておきたい鶏肉、卵を使った料理

- **きじ鍋**　キジのガラでとったスープに季節の野菜やキノコを入れる。キジ肉はしっかりとした歯ごたえがあり、噛むとコクのある旨味が口中に広がる。脂肪分が少ないので高たんぱく低カロリー。高知には昔から野生のキジも多く生息し、また江戸時代には土佐藩にキジを献上していたので、キジを使った料理は身近だった。

- **きじ丼**　高知のご当地グルメ。冬がハイシーズンだが、梼原町では通年味わえる。梼原は日本三大カルストの四国カルストに抱かれ四万十川の清流の豊かな自然が売り物。この環境の中で「梼原町きじ生産組合」がキジを飼育している。ゆったりとしたスペースの平飼いで約8カ月間飼育する。きじ肉は、しっかりとした歯ごたえがあり、旨味が濃厚な野趣あふれる丼。

- **しゃもすき鍋**　甘辛いすき焼き風のスープに骨付きのぶつ切りの軍鶏肉と季節の野菜やキノコを入れる。もみじ（足の趾〔指〕の形が葉のもみじに似るので）からとったスープに、さらに骨からもスープが出て旨味が倍増する。肉質は身がしまっており鶏本来の旨味がたっぷり楽しめる。野菜も豊富で食べ応えがある。とくに、坂本龍馬が生まれた南国市では、いろいろなしゃも料理が堪能できるように〝シャモ鍋社中〟を結成している。

- **かも鍋**　鶏王国土佐では鴨も食されていた。鴨肉は、ほど良い歯ごたえと旨味があり、脂が特徴的。季節の野菜とキノコ類、そしてシャキシャキした食感の青ネギは欠かせない。鴨から出るだしが美味しい。

- **脱藩定食**　キジ肉を使った梼原町のご当地グルメ。使うキジ肉は、四国カルストに抱かれ四万十川の清流の豊かな自然の中で飼育されている。このキジ肉を炊き込んだキジ飯や、地元で採れる山菜や季節の野菜、地元産のそばなど地元の食材をふんだんに使った定食。

- **土佐はちきん地鶏そぼろ弁当**　人気の駅弁。〝はちきん〟は土佐弁で〝男勝りで前向きな女性〟〝さばさばした女性〟というような意味のようだ。蓋を開けると、対角線で仕切られ右上半分には黄色い錦糸玉子が敷かれ、その上には焼き鳥が2つ載る。左下半分には鳥のそぼろが載り、錦糸玉子との境には緑の蒸したピーマンのラインが引かれる。そして、そぼろ

の上にも赤ピーマンと黄色いピーマンのラインが引かれる、なんとも色合いの良い弁当。高知県はピーマンの生産量は全国3位。

- **どろめの卵とじ** 高知では、鰯の稚魚の「生しらす」を「どろめ」とよび、頻繁に食卓に上る。この新鮮などろめを卵でとじて食す。生のどろめが無いときは、しらす干しを湯通しして塩抜きをして使う。毎年4月、香南市では豊漁と安全を祈り大杯になみなみと注がれたお酒を一気に飲み干す「どろめ祭り」が行われる。

- **はちきんカレー** 土佐はちきん地鶏を使ったご当地カレー。軍鶏とコーチンの血を引く土佐はちきん地鶏、その旨味と丹念に炒めた玉ねぎのコク、ジャガイモとニンジンの甘味が溶け込んだ通好みのカレー。ガラムマサラを利かせニンニクと生姜の香りがする辛口のチキンカレーで隠し味にコーヒーを使っている。レトルト製品も売られている。

- **土佐維新バーガー** ご当地グルメ。龍馬が好んだ軍鶏の血を引く"八斤地鶏"と、岩崎弥太郎の出身地、安芸産の米茄子をパテにして、お好み焼き風の厚めの生地でサンドしたハンバーガー。味付けは、中岡慎太郎の出身地の北川村産の柚子を使ったマヨネーズ。玉子焼きも挟まりボリュームがある。高知自動車道の南国サービスエリアで販売されている。

卵を使った菓子

- **土佐ジロープリン** 1982（昭和57）年に高知県畜産試験場で誕生した"地鶏"の土佐ジローの卵で作ったプリン。"土佐ジロー"は、高知原産で国の天然記念物にも指定されている"土佐地鶏"の雄と、在来種の"ロードアイランドレッド"の雌を交配した。卵は、一般の鶏卵より小さいが、卵黄の割合が大きく、ビタミンEやカロテンが多い。県土佐ジロー協会が品質の維持管理などを行っている。

- **ぼうしパン** 帽子の形をしたご当地パン。メロンパンを作る時に丸めたパン生地の上からかけたビスケット生地が鉄板に広がって、ちょうど帽子のつばのように焼きあがった。この偶然から生まれたといわれる。その後、ビスケット生地をカステラ生地に変更して、現在の、中がふわふわで外がサクサクの形になった。当初は"カステラパン"という名前だったが、いつしか"ぼうしパン"のほうが定着した。「アンパンマン」で有名な高知県ゆかりの漫画家やなせたかし氏によるキャラクターには

「ぼうしパンくん」がいる。

地　鶏

- **土佐はちきん地鶏**　体重：雄平均3,000g、雌平均2,500g。高知県は県原産の日本鶏を8品種ももつ世界に冠たる鶏大国。その中から土佐九斤<small>（くきん）</small>をもとに作出。ブロイラーとは異なりほど良い歯ごたえがあり、脂肪が少なくヘルシー。肉にしまりがあり旨味成分のアミノ酸が失われにくい。開放鶏舎の平飼いで専用飼料を給与し、飼養期間は平均85日。土佐九斤と大軍鶏を交配した雄に白色プリマスロックの雌を掛け合わせた。むらびと本舗が生産する。"はちきん"は土佐弁で"男勝りで前向きな女性""さばさばした女性"というような意味のようだ。

- **土佐ジロー**　体重：雄平均1,500g、雌平均1,200g。1982（昭和57）年、県畜産試験場が高知県原産の天然記念物"土佐地鶏"の雄とロードアイランドレッドの雌を交配して開発。在来鶏100％の鶏。県畜産試験場が生産した種卵から孵化したヒナだけが"土佐ジロー"になる。飼養期間は150日以上と長い。1m²当たり10羽以下で飼育。肉質は脂が少ないものの、味が濃厚で歯ごたえがあり美味い。県土佐ジロー協会が品質の維持管理などを行っている。

銘柄鶏

- **四万十鶏**　体重：平均3,000g。独自の専用飼料に木酢、海藻、よもぎなどを加えて、ほど良い歯ごたえでやさしい甘味をもつ、高タンパク、低カロリーな鶏肉。通常のブロイラーよりコレステロールが10％低い。平飼いで飼育期間は50日。コーニッシュの雄に白色ロックの雌を交配。高知県食鶏農業協同組合が生産する。

たまご

- **土佐ジローの卵**　地鶏の卵。県の畜産試験場が開発した"土佐ジロー"は、美味しい肉だけでなく美味しい卵も採れる「卵肉兼用種」。卵は一般の鶏卵より小さいが、卵黄の割合が大きく濃厚で、ビタミンEやカロテンが多い。卵黄の色は、季節によって与える餌が違うので、また放し飼いなので一羽一羽の餌の好みで色は変わる。卵の殻の色は基本的に

Ⅱ　食の文化編　　73

桜色。県土佐ジロー協会が品質の維持管理などを行っている。

- **コロンブスの茶卵** 四万十川の上流の緑に抱かれた高原の町、四万十町で産まれた卵。植物性原料の飼料に有機微生物や緑茶、海藻などを加えた。卵の嫌な生臭さがなく驚くほど透明で美しい弾力のある白身と盛り上がった旨みのある黄身。ぶらうんが生産する。この卵を使ったスイーツも販売。

その他の鳥

- **七面鳥** 中土佐町の七面鳥生産組合が生産する特産品。3月頃に産まれた卵を孵化させて、年末のクリスマスシーズンに出荷する。飼料には町内でとれた新鮮な野菜や米を混ぜて与える。四万十川の恵みを受けた高南台地にある大野見地区では、1960年ごろから七面鳥の生産が始まった。肉質は淡白でやわらかく高たんぱく低カロリー。

- **キジ肉** 肉質は、しっかりとした歯ごたえがあり、濃厚な旨味が特徴。また、脂肪分が少なく高たんぱく低カロリーでミネラルを多く含む。キジ鍋が有名だが、すき焼きやしゃぶしゃぶ、オーブンでローストしても美味しい。キジ肉は、江戸時代、土佐藩主に献上していた。「本川きじ生産組合」は、標高700mの高地の美しい自然の中で、吉野川の源流水をキジに与え、徹底した衛生管理の下、キジの飼育を行っている。また、「梼原きじ生産組合」は、日本三大カルストの四国カルストに抱かれ四万十川の清流の豊かな自然の中でキジを飼育している。ゆったりとしたスペースの平飼いで約8カ月間飼育する。キジ肉の他に鍋や丼のセット、燻製やソーセージ等の加工品も通信販売で購入することができる。南国市後免町の「ごめんシャモ研究会」が軍鶏の生産と肉の販売を行っている。

県鳥

ヤイロチョウ、八色鳥（ヤイロチョウ科） 英名 Fairy Pitta。夏鳥で、インド、インドシナ、スマトラなどから5月ごろ県西部に飛来し繁殖する。雌雄同色。八色は、たくさんの羽の色をした鳥の意味で、頭部は栗色、目の上はクリーム色、喉元は白、胸は淡いレモン色、お腹は赤色、背中は緑、肩は光沢のある明るい青と美しい鳥。絶滅危惧ⅠE類（EN）。

汁　物

汁物と地域の食文化

　四国山脈を背にし、太平洋の荒波を目の前にしている土佐、つまり高知県はカツオ漁をはじめ、いろいろな魚介類の水揚げの多い地域である。太平洋を目の前にもっている高知県域の80％は山地であり、平野は狭く、台風や洪水による被害は多く経験しているためか、たくましい人間が多いといわれている。平野が少ないために野菜類のハウス栽培が発達している。

　刺身、すし、煮物など食べたい料理を大皿に盛った「皿鉢料理」は全国的に知られている郷土料理である。たくさんの種類を集めて作る「ぐる煮」、土佐名物のカツオの刺身のヅケをのせた「カツオ茶漬け」は、汁物のようではないが、汁物と同じような食べ方をする。漁船の上で釣り上げたカツオをぶつ切りにし、酒粕・コメ糠の汁の中に入れた野趣味豊かな「糠味噌汁」は、死後硬直前のカツオを食べられる漁師だけが味わうことができる汁物である。

　土佐赤岡の「どろめ祭り」には、どろめ（カタクチイワシのシラス）の生食、酢の物などの料理が提供される。どろめの郷土料理の「どろめ汁」は、だし汁をベースにした澄まし汁に、ひと煮立ちしたどろめを入れたものである。

汁物の種類と特色

　高知の郷土料理では、豪華な「皿鉢料理」がある。一つの浅い大皿に各種魚介類の刺身、酢の物、煮物、焼き物、蒸し物、野菜、すしなど、好みの物や季節の物を盛り付けた料理である。皿鉢料理の汁物としては小豆たっぷりの「ぜんざい」が用意される。高知には酒豪の人が多いというから酒の肴として食しているのである。皿鉢料理は土佐藩が定めた料理の形態で、江戸時大後期に、本膳料理から分離独立した様式の料理となり、有田焼や九谷焼のような立派な皿に海の幸や山の幸を豪華に盛る料理になった。

凡例　1世帯当たりの食塩・醤油・味噌購入量の出所は、総理府発行の2012年度「家計調査」とその20年前の1992年度の「家計調査」による

汁物の郷土料理の「糠味噌汁」は、漁師の船の上での料理で、土佐名物の糠味噌に甘味噌を混ぜた汁である。イワシの幼魚のどろめを入れた醤油仕立ての「どろめ汁」は、鮮度の良いどろめを使う。春先から夏にかけては、ゴリ（高知ではビスという。真ハゼの稚魚）の醤油仕立ての汁は「びす汁」という。マグロなど大型の魚の内臓以外の身肉、骨、頭を細かくして塩味でどろどろになるまで煮込んだものを「しるこ」という。モクズガニを砕き、ザルに入れて水を流し、水に溶けたものだけを加熱し、茹でた素麺にかけた料理の「つがに汁」や「カツオの粗汁」、山歩きして摘んだ山菜を大鍋で煮て、みんなで食べる「山菜汁」などがある。

食塩・醤油・味噌の特徴

❶食塩

　かつては、瀬戸内海方式の製塩を試みたが成功せず、現在も高知県産の食塩は存在しない。

❷醤油の特徴

　四万十川の伏流水を仕込み水として醤油を醸造している会社が多い。土佐清水の漁師は、甘口の醤油を求めるので、砂糖を入れて甘口の醤油を作っている会社もある。

❸味噌の特徴

　金山寺味噌、酢味噌、鶏味噌、柚子入り味噌など調味味噌も多い。

1992年度・2012年度の食塩・醤油・味噌の購入量

▼高知市の1世帯当たり食塩・醤油・味噌購入量（1992年度・2012年度）

年度	食塩（g）	醤油（mℓ）	味噌（g）
1992	3,264	10,864	6,631
2012	1,328	5,643	5,825

▼上記の1992年度購入量に対する 2012年度購入量の割合（%）

食塩	醤油	味噌
40.9	51.9	87.8

高知市の1世帯当たりの食塩・醤油・味噌購入量は、四国地方の他の県庁所在地の購入量とは大差がない。

　1992年度の食塩の購入量に対し、2012年度の購入量が約41％に減少しているのは、家庭での漬物を作る量が少なくなったか、高齢化や家族の人数が少なくなったのでまったく作らなくなったと考えられる。

　味噌については1992年度の購入量に対して2012年度の購入量は約88％である。味噌汁はインスタントの味噌汁を使わず、家庭料理として顕在に機能していると思われる。

地域の主な食材と汁物

　皿鉢料理には、多彩な食べたい料理を、一つの皿に盛り付けしたように見える。高知県はカツオやマグロなど季節ごとに水揚げされる魚の種類は豊富であり、南に面する山間では山菜が生育している。それが、高知名物の郷土料理の皿鉢料理が出来ているのである。この中は、高知県の豊富な新鮮な食材の存在を表現しているようである。険しい海岸線と山の多い地形であり、その地形と日照時間に適した野菜類が栽培されている。磯の魚介類から太平洋の沖を回遊する魚まで、魚介類の豊富な地域である。

　川にはアユ、ウナギ、アメゴ、ツガニ（モクズガニ）が棲息し、郷土料理の材料となっている。

主な食材

❶伝統野菜・地野菜
　十市ナス、十市在来シシトウ、昌介（ピーマン）、弘岡カブ、ショウガ、ミョウガ、その他（キュウリ、ネギ、トマト、サツマイモなど）

❷主な水揚げ魚介類
　カツオ、ソウダガツオ、マグロ類、シイラ、サバ、イワシ、アジ、キンメダイ、養殖物（マダイ）

❸食肉類
　土佐和牛、土佐ジロー（鶏）

Ⅱ　食の文化編　　77

主な汁物と材料（具材）

汁　物	野菜類	粉物、豆類	魚介類、その他
春・秋山菜汁	春（フキノトウ、たらの芽、わらび）、秋（キノコ類）		味噌汁
カツオ粗汁	ネギ、タマネギ		カツオの粗、味噌汁
どろめの澄まし汁	青菜		ドロメ（イワシの幼魚）、醤油仕立ての澄まし汁
つがに汁（そうめん入り）	ハスイモ、ナス、ショウガ	そうめん	モズクガニ、調味（砂糖／醤油／みりん）
びす汁	切り干し大根、ネギ、ナス	豆腐	ゴリ、醤油仕立て
しるこ（マグロの不要部を細かくし、塩味で煮込む）			マグロ、塩

郷土料理としての主な汁物

- **どろめの汁**　四国ではイワシの稚魚を「どろめ」といっている。沸騰しただし汁に新鮮なドロメを入れて煮立たせる。さっと白くなったら醤油で味を付ける。一度に大量に入れず、食べる量を入れて、加熱し過ぎないようにする。

- **びす汁**　ビス（ゴリ＝マハゼ）で、春から夏の魚。あわこは、卵を腹にかかえている春明のもので、美味しい。びす汁は、日常食べるほか、花見のときに必ず作る。熱湯の中に、びすを入れ、煮えたら薄く切った切り干し大根と豆腐を入れて醤油味にしたもの。

- **しるこ**　春にとれる「とんぼしび」（マグロ）を材料とした汁物。マグロの内臓を除き、大きく分けてから身を細かく刻み、水を入れて鍋の中で煮込む、マグロのもつ骨、塩、マグロの骨で味付けする。この汁は椀に入れて飲む。

- **糠味噌汁**　漁師の船の上で作る料理。釣り上げたカツオをぶつ切りにして糠味噌汁の中に入れ、死後硬直前の軟らかい時に食べる。糠味噌は、

酒粕・米糠で作る。

- **いとこ煮** 釈迦が入家した旧暦12月28日に作られる精進料理。大鍋にたくさん作り、多くの人に配るか、重箱に入れて持ち帰り親戚や知人に配る精進料理である。現在は、寒い日に体を温める汁物として作る。
- **ごりの卵とじ** 四万十川流域のごりの採集場の近くで作る。

伝統調味料

地域の特性

▼高知市の1世帯当たりの調味料の購入量の変化

年　度	食塩（g）	醤油（ml）	味噌（g）	酢（ml）
1988	3,328	16,279	8,829	2,990
2000	2,727	9,151	6,110	2,937
2010	2,041	5,791	4,371	1,845

　土佐の味覚を代表する「皿鉢料理」は、大きなお皿に名物のカツオのたたきをはじめとし、カツオのほかの魚の刺身、揚げ物、すし、海苔巻き、焼き魚、素麺などが豪快に盛り付ける。いかにもカツオ漁からイメージする漁師の大盤振る舞いの料理である。このようないろいろな料理を盛り付けた皿鉢料理が生まれた背景には、女性が台所の仕事をあらかじめ済ませて、家族や集まった人たちの食事や宴会に最初から参加できるように配慮したために出来上がった料理であると聞いている。土佐の女性は気風がよく、酒好きな気質であるため、このような料理が考案されたのかもしれない。皿鉢料理を食べるには「土佐醤油」が勧められる。土佐醤油は、一般の料理店でも刺身には土佐醤油が提供される。

　土佐醤油は、高知名物のカツオ節の土佐節のだし汁を入れた醤油なので、土佐醤油の名がある。醤油・カツオ節のだしを基本としてみりんや日本酒などで特徴ある味にしたものもある。土佐醤油で刺身を美味しく食べさせるのは料理の専門家の腕の見せ所でもある。

　カツオ漁業基地の土佐清水は土佐節の製造で盛んなところである。江戸時代前期の延宝2（1674）年に、紀州の漁師が、土佐の宇佐浦でカツオ節づくりを始めたといわれている。元禄の頃に燻煙とカビ付けが考案され、カツオ節の品質が向上したといわれている。カツオ節づくりには、脂肪の少ないカツオを原料として、三枚、または五枚におろして煮熟して骨抜き

をし（製品のひび割れを防ぐために一部の骨を残す骨抜きを考案）、この後で焙乾を繰り返してから、クヌギやナラの堅木を使って燻煙をだして燻し、特有の風味・香気・色合いをつける。その後でカビ付け（青カビ、黄色カビ）を繁殖させて脂肪を減らし、水分も減らして叩くと拍子木のような音がするまで乾燥させる。長期保存ができ、世界で一番硬い食品であり、カビを使った食品でもある。「土佐節」をはじめとする鹿児島の薩摩節、和歌山の紀州節、静岡の伊豆節へと展開している。ソウダガツオを使って作るソウダ節は、削り節の原料としても利用されている。高知では、土佐節のだしをきかした醤油が土佐醤油として郷土の自慢の味となっている。そのために、大小さまざまなメーカーが独自の土佐醤油を作っている。

　高知の土佐湾に面した安芸地方ではカタクチイワシの稚魚のチリメンジャコ（シラス）の漁獲量が多い。生のままあるいは釜茹でにして、酢醤油・おろし和え・酢みそ和え・塩辛にして食べる。この地方の独特な料理には、シラスを味噌で煮る「チリメンジャコの味噌煮」がある。「シラスの煮干し」は「チリメンイリボシ・チリメンイリコ」ともいわれる。カタクチイワシは、四国地方ではホタレといい、みそ汁のだしにはホタレの煮干しが使われる。

　高知は少量だがウルメイワシも漁獲される。初夏のウルメイワシは、脂肪が少なく淡白で美味しくない。ところが、丸干し、開き干し・目刺しのように日干しするとうま味がアップする。干物をつくるには太平洋や瀬戸内海の海水で作られる自然塩がうま味を引き出すのである。

　薩摩汁は若鶏のぶつ切りに味噌を混ぜた濃い目の汁である。土佐の薩摩汁は、伊予の薩摩汁と同様に魚を具に使う味噌汁である。土佐に水揚げされる小ダイ・ボラなどの小魚を焼き魚にしてから、ニンニクと一緒に磨り潰し、焼き味噌を混ぜた濃い汁を作り、刺身を並べた温かいご飯の上にかけて食べる。

知っておきたい郷土の調味料

　県域の約8割は山地である。平地は、物部川・仁淀川下流の高知平野だけである。四万十川に続いている伏流水は、高知県の醤油・味噌を製造するときの仕込み水となっている。気候は黒潮の影響で温暖で、梅雨時や夏は、かなりの降雨量があるので醸造食品の製造にも影響しているから、発

Ⅱ　食の文化編　　81

酵に係わる微生物管理の難しい地域である。

醤油・味噌

● **仕込み水は四万十川の伏流水**　高知県の四万十川の伏流水を仕込み水と
して醤油を醸造している会社は多い。高知の醤油には甘みのある製品も
ある。この甘みを特徴とした醤油がマルサ醤油合資会社（昭和3［1928］
年設立）である。醤油づくりの元となるもろみは1年かけてじっくり自
然発酵と熟成を行う。仕込み水は四万十川の伏流水で、地下50mから
汲み上げたものを使っている。この会社の所在する地域は、土佐の西部
の幡多地区で、もともと甘口の食文化が継承されているところらしい。
トーストには砂糖と醤油をつけて食べる習慣がある。甘口の食文化が残
っているのは、高知市から幡多までの移動は半日〜1日もかかった。輸
送中の保存性を高めることから砂糖を使う習慣があったようである。今
も情報が伝わってくるのが遅いらしい。土佐清水の漁師が甘口の醤油を
求めているのも、昔から慣れた味であると同時に、激しい漁師の仕事は、
エネルギー補給のために甘いものを欲しがること、砂糖が入ったほうが
保存性がよいことなどの理由が考えられる。

　一方、高知も他の四国の県と同様に柚子を使うことは忘れない。須崎
市の㈲丸共味噌醤油醸造場（マルキョー醤油）が、スタンダードの濃口
醤油や淡口醤油も製造販売しているかたわら、柚子を入れた刺身醤油も
製造販売している。柚子は安芸市から仕入れている。また、煮物用の醤
油に「松甘」というブランドも製造発売している。

● **高知の「おかず味噌」「地産地消」をこだわりとして作っている。** 高知
の大自然が育んだたくさんの恵みを丹精こめて作っている。金山寺みそ、
柚子入り金山寺味噌、もろみそ、室戸海洋深層水仕込み金山寺みそ、酢
味噌、鶏味噌、柚子入り酢味噌などがある。

食塩

● **高知の製塩の歴史**　高知県は山地が多く、年間の降雨量も多いことから、
瀬戸内海で行われていた塩田は発達しなかった。安土桃山時代には、赤
岡町で小規模な製塩が行われたこともあった。自然塩の製造は進んでい
たと推定されているが、後に、吉野川流域では讃岐（香川県）からの塩

の移入が多くなったと伝えられている。

だし

- **だしが出る宗田節**　マルソウダガツオを鰹節と同じように、下処理（縦長のやや細めに形を整える）・蒸煮・焙乾・天日乾燥などの工程を経て作った宗田節を瓶詰めにしたもの。使用にあたっては、宗田節の入っているビンに醤油を加えて2週間ほど放置する。宗田節のうま味成分が、醤油に溶け込んで、美味しい「だし醤油」になる。これを湯豆腐、冷奴、卵かけご飯などにかけて食べる。これを好んで利用している人が関東地方にも多くなっている。
- **ぶっかけだし酢**　柚子と昆布や鰹節のだしのうま味が合体した調味料である。鰹節と昆布のダシ汁に、醸造酢と柚子の果汁を加え、塩とみりんで味を整えてある。爽やかな柚子の香り、ほどよい酸味と、まろやかな和風だしのうま味が調和している。三つ葉や菜の花のお浸しに振りかけると、酸味やだしのうま味を味わいながら柚子の爽やかな香りに気が休まる美味しさに満足する。

酸味料

- **柚子酢**　柚子を搾り集めた果汁の瓶詰め。醤油と合わせて使うこともできる。
- **海洋深層水を使ったポン酢**　室戸海洋深層水を仕込み水とした醤油とポン酢を合わせたポン酢醤油。

ソース

- **海洋深層水を使った素材調味料のソース**　室戸海洋深層水を使ったソースには、「減塩トマトケチャップ」「中濃ソース」「玉葱ソース」があり、高知県だけでなく、関東地方でもよい評価を受けている。㈱ケンショーの開発品。素材を吟味しているので素材の甘さ、うま味、香りが自然食品の持ち味を生かしているとの評価である。

郷土料理と調味料

- **酒盗**　カツオの胃と腸をよく洗い、塩漬けにして熟成したもの。カツオ

Ⅱ　食の文化編　　83

の内臓の塩辛であり、美味しくて酒の量が進むので「酒盗」といわれているが、ご飯の量も進む。土佐藩第12代藩主山内豊資が、これを肴にして酒を飲んだところ、あまりにも美味しいので、酒量があがったということから、「酒盗」の名がついたとの言い伝えがある。

● **カツオのたたきと調味料**　カツオのたたきのつくり方は、家庭や料理人によって若干の違いはある。一般には、三枚におろし皮付きのままワラの火で軽く炙る。塩・酢をカツオに付けて、手のひらか包丁で軽く叩いて身を締める。ダイコン・ニンニクのおろし汁か、かけ酢を付けて食べる。ダイコン、ショウガ、ニンニクのおろしたものでカツオを包み、手のひらや包丁で叩く方法もある。カツオのイノシン酸、醤油のグルタミン酸などのうま味成分と、食酢にわずかに含まれるコハク酸のうま味が混然一体となってカツオのたたきの美味さを引き出している。食酢の酸味料はカツオの生臭さを緩和し、食感もよくしてくれる。ダイコン、ニンニク、ショウガなどの辛味や香味もカツオの生臭さを緩和し、美味しさにアクセントをつけてくれる。

発 酵

鰹節

◆地域の特色

　四国の南部、太平洋から四国山地の尾根までの範囲にある。高知市から香南市、土佐山田町に至る香長平野と南西部の四万十市周辺はやや広い平野となっているほかは、ほとんどが海の近くまで山が迫る山国である。西部を流れる四万十川、石鎚山から土佐湾に南下する仁淀川、県北部から徳島県へと流れる吉野川など水量豊富な河川が多くある。

　年間日照時間は2000時間を超える一方、年間降水量も平野部で2500mm前後、山間部では3000mmを超える。夏は蒸し暑く、熱帯夜が続くが昼間は比較的過ごしやすい。気候は温暖多雨で台風の襲来も多く、1951（昭和26）年以降の台風上陸数は鹿児島県に次いで2番目に多い。県内総生産額、1人あたり県民所得ともに全国の下位にあり、経済規模を示す財政力指数も全国最下位である。鳥取県、島根県に次いで3番目に人口が少ない。

　ピーマンやナス、トマトをはじめとする野菜類の促成栽培が盛んで、県中央部の沿岸部は、ビニールハウスが多く並んでいる。ナス、シシトウ、ショウガ、ミョウガ、ユズ、ブンタン類の生産は、いずれも全国1位である。漁業では、カツオの一本釣りが行われており、ソウダガツオ類の漁獲量は全国1位である。

◆発酵の歴史と文化

　鰹節の製法で重要なカビ付けは、土佐で始まったといわれる。江戸時代に、紀州で現在の荒節に近いものが作られるようになり、これが熊野節（くまのぶし）として人気を呼び、土佐藩は藩を挙げてその製法を導入した。しかし、大坂や江戸などの消費地から遠い土佐では、輸送中のカビの発生に悩まされた。江戸に到着してから蔵に保管している間にもカビが発生し、再三払い落とす必要があった。しかし、「カビが付き、払い落とす」の繰り返しの中で、経験的に「鰹節が良質化する」ことに、江戸の鰹節問屋が気がついた。魚

Ⅱ　食の文化編　　85

臭さが減少し旨みが増し、特有の香気が醸し出され、だしが濁らなくなる。これにより、逆にカビを利用して乾燥させる方法が考案された。この改良土佐節は大坂や江戸までの長期輸送はもちろん、消費地での長期保存にも耐えることができたばかりか味もよいと評判を呼び、土佐節の全盛期を迎える。改良土佐節は土佐藩の秘伝とされたが、製法が1781（安永10）年に安房へ、1801（享和元）年に伊豆へ、その後、薩摩にも伝わり、のちに土佐節、薩摩節、伊豆節が三大名産品と呼ばれるようになる。

　現在は、純粋培養した麹菌の一種、アスペルギルス・グラウカスの胞子を噴霧することによりカビ付けが行われることが多い。

◆主な発酵食品

醤油　　四国の中では珍しい甘口の醤油が人気のマルバン醤油（四万十市）やマルサ醤油（四万十市）のほか、丸共味噌醤油醸造場（須崎市）、畠中醤油醸造場（香南市）などで造られている。

味噌　　1818（文政元）年創業の井上糀店（高岡郡）のほか、宇田味噌製造所（高知市）、だるま味噌（高知市）などで造られている。

日本酒　　坂本龍馬を筆頭とする幕末維新の志士たちは酒とのかかわりが深く、歴代土佐藩主のほとんどは愛酒家であったといわれており、土佐では淡麗辛口の酒を豪快に飲み干す伝統が受け継がれている。「龍馬と最も縁の深い蔵元」といわれる司牡丹酒造（高岡郡）、1781（天明元）年創業の県下最古の西岡酒造店（高岡郡）をはじめ、土佐鶴酒造（安芸郡）、高木酒造（香南市）、土佐酒造（土佐郡）、酔鯨酒造（高知市）など18の蔵で造られている。

焼酎　　北幡地域で採れるクリを使った焼酎を造る無手無冠（高岡郡）、室戸産の金時芋と海洋深層水を仕込み水に使った芋焼酎を造る菊水酒造（安芸市）のほか、米焼酎の仙頭酒造場（安芸郡）などがある。

鰹節　　鰹節にはカツオを燻して作った「荒節」と、カビを付けてさらに乾燥させた「本枯れ節」がある。本枯れ節はカツオの生切りから、煮沸、焙乾しカビ付けと天日乾燥を4回繰り返し約6カ月かけてでき上がる。本枯れ節は生のカツオ10kgに対して、約1.6kgとなり、それだけ旨みが凝縮されている。良質の本枯れ節同士をぶつけると、「カンカン」と乾いた音を発し、割ると透明感のある濃い赤色の断面が現れる。世界で一番固

い食品といわれている。土佐市宇佐町などで作られている。

宗田節 　土佐清水市などで作られるソウダガツオから作られる鰹節の一種である。カツオに比べ血合いが多いため、コクのあるだしが出て、香りも濃厚で、しっかりとした味付けをする料理によく合う。宗田節のほとんどは業務用として流通しており、日本料理店や老舗のそば屋などで使われている。

碁石茶 　長岡郡大豊町で生産されている、ほぼ黒色の発酵茶である。仕上げの天日干しのときに並べている様子が碁石を並べているようにみえることからこの名が付いたとされる。苦味がなくすっきりとした酸味がする。製造方法は、7月頃茶摘みを行い、蒸し桶に茶葉を詰め、1〜2時間ほど蒸す。室内の筵（むしろ）の上に茶葉を広げカビ付けする。続いて、杉材の桶に移し蒸したときに出た茶汁を加え、重石をのせて漬け込み、10〜20日間嫌気的な乳酸発酵をさせる。裁断後に天日乾燥する。

柚子味噌 　馬路村などで作られる、ユズの皮を麦味噌に合わせて煮込んだ少し甘めのおかず味噌である。

酒盗 　新鮮なカツオの内臓で作った塩辛である。土佐藩主山内豊資が、清水（土佐清水市）の宿にてカツオの塩辛で酒を飲み、「これだと酒がいくらでもいける。酒を盗みおったわい」と言ったとの話からこう呼ばれるようになったといわれている。

生姜漬け 　ショウガに塩を振って寝かせた後、天日干しにし、赤梅酢に漬けた紅ショウガのほか、甘酢漬けや蜂蜜漬け、梅酢漬けなど、さまざまな「生姜漬け」がある。

どぶろく 　2004（平成16）年にどぶろく特区に認定された三原村で、村で穫れた米を原料にしたどぶろく造りが村内の農家民宿7軒で行われている。

「リープル」 　ひまわり乳業（南国市）により40年以上前から販売されている、黄色いパッケージの乳酸菌飲料である。爽やかな甘さで高知県を中心に多くのファンをもつ。

鷹取キムチ 　韓国との交流があった梼原町鷹取地区で地元の野菜を使った本格的なキムチが作られている。

◆発酵食品を使った郷土料理など

こうしめし　　旧暦の大晦日に食べたので、「年越めし」が「こうしめし」と呼ばれるようになった。刻んだ沢庵と岩海苔、ちりめんじゃこ、鰹節などに醤油と砂糖を加え、ご飯と混ぜ合わせて作る。

カツオのたたき　　カツオは古くから土佐人に最も愛されてきた魚で、高知県の「県魚」に指定されている。カツオを節に切り、表面のみを炙った後冷やして切り、薬味と土佐酢、生姜醤油などで作ったタレをかけて食べる。

こけらずし　　焼いてほぐした魚を酢に浸し、取り出した酢をすし酢に使う。ご飯の上にシイタケやニンジンを散りばめ、その上にさらに酢飯をのせて、具材を散りばめ、幾重にも重ねて作る押しずしの一種で、東洋町の郷土料理である。

キビナゴのほおかぶり　　宿毛湾で獲れたキビナゴを酢で締め、おからを包んだすしである。

◆特色のある発酵文化

土佐はし拳　　高知県の無形文化財的な民衆娯楽として全国に知られているものである。向き合った双方が3本ずつ箸を隠し持ち、数の合計を当て合う。負けると、杯に満たした酒を一気に飲み干さなければならない。高知市で、毎年10月1日の「日本酒の日」に土佐はし拳全日本選手権大会が開催されている。

◆発酵にかかわる神社仏閣・祭り

どろめ祭り　　毎年4月、香南市赤岡町で太平洋をバックに行われる祭りで、どろめ（マイワシやウルメの稚魚）の豊漁と安全を祈り、大杯に注がれた日本酒を男性は1升、女性は5合を一気に飲み、飲み干した速さと飲みっぷりなどを競うイベントである。大会前には健康診断もあり、これに通った人だけが出場できる。

◆発酵関連の博物館・美術館

酒蔵桂月館（土佐町）　　大正時代に建てられた土佐独特の美しい土蔵造りの酒蔵に、酒と旅を愛した土佐の紀行作家であ

る大町桂月の作品、掛け軸をはじめ、歌碑などが展示されている。

酒造ギャラリー（高岡郡）　　県最古の酒蔵である西岡酒造店で、1781（天明元）年の創業以来ずっと使われている蔵の一部がギャラリーして公開されており、昔の酒造り道具などを見ることができる。

◆発酵関連の研究をしている大学・研究所

高知大学農林海洋科学部農芸化学科　　海洋などから採取した酵母などの有用微生物の機能開発や育種を通して産業利用を目指した研究が行われている。

発酵から生まれたことば　猫に鰹節

鰹節を猫の近くに置くと、すぐに食べられてしまうという様子からできた諺で、「油断できない状態を招く」「危険な状況である」という意味で使われる。「水を得た魚」のような意味かと思う人もあるかもしれないが、これは誤りである。

猫に通常のエサに加えて鰹節を与えると、ミネラル過剰になり尿路結石などの病気を招く恐れがあるといわれており、猫に鰹節の与えすぎは要注意である。

和菓子 / 郷土菓子

ケンピ

地域の特性

　四国の太平洋側に位置している。日本最後の清流・四万十川や仁淀川、物部川など四国山地を源流にした川が多く流れているが、海岸近くまで山が迫って、典型的な山国である。

　気候は場所的な差はあるが、年間の日照時間は全国1、2位を誇る。だが、年間降水量も日本有数である。雨と晴れの差が激しいところが、土佐人の"あっけらかんとした気質"に影響しているといわれている。

　古く土佐国とよばれ、平安時代には辺境の地とされてきた。紀貫之の『土佐日記』は、任期を終えて934(承平3)年に帰京する国司の家族(女性が主人公)の旅立ちのところから始まっていた。

　関ヶ原の戦い以降、長宗我部氏に代わり山内一豊が掛川から入国。土佐一国を支配して明治維新まで続いた。食文化をみると、正月のお雑煮の餅は丸餅が多い四国の中で、土佐は四角いのし餅となっている。山内氏の出身地である尾張、三河、遠州は角餅地帯で、当時の藩主と家臣団の絆の強さが今日にまで残っている。

地域の歴史・文化とお菓子

坂本竜馬も食べた土佐の名物菓子・野根まんじゅう・ケンピ

①まっこと旨いぜよ!「野根まんじゅう」

　高知市から東へ120km、徳島県境に近い東洋町・野根の名物饅頭である。江戸時代には土佐藩主・山内容堂も、参勤交代で甲浦から出校する際、必ずこのまんじゅうを買い上げ茶菓子にしたという。

　この野根に行くまでには、難所の野根山(標高983m)を越えねばならない。そこで昔の旅人たちは皆、山の手前の宿場で泊まり、早朝出立していった。この地で多くの旅人たちに愛されてきたのが「野根まんじゅう」

である。小ぶりで繭の形をした一口タイプの薄皮饅頭で、小豆の漉し餡が透けて見えている。餅はさっぱりとした甘さで、皮には酒が混ざっていて香りがとてもよい。餡は、かつてそら豆を使っていたという。

　幕末、土佐の勤王の志士・坂本竜馬や中岡慎太郎らも上洛の際、宿場の茶屋でこの饅頭を食べたという。血気盛んな彼らが「まっこと旨いぜよ！」なんて、語り合っている姿が思い浮かばれる。しかし、豪快で雄々しい土佐の志士たちに、この愛らしい饅頭は"まっこと"不釣り合いで面白い。

②「野根まんじゅう」と野根山街道

　野根まんじゅうは高知市内でも現在は市販され、野根には浜口福月堂、福田屋、吉野家本舗、七福堂などがある。古いのは浜口福月堂で、初代重太郎は明治維新後、帯刀を捨て菓子屋を創業。２代目安太郎は菓子の行商をして店舗の基礎を築き、現代は５代目である。

　野根まんじゅうが世に知られたのは、戦後間もない1950（昭和25）年、昭和天皇が土佐路巡幸の折、献上の栄を賜ってからである。この饅頭が美味しいのはよく練られた自家製餡と、小麦粉、砂糖（四温糖〔上白糖のこと〕）、酒（純米酒）、水（活性水）、ふくらし粉から作る皮にあった。

　野根山街道は、奈良時代養老年間（717～724）に整備された官道で、奈良と土佐国府を結ぶ「南海道」の一部であった。安芸郡奈半利町と東洋町野根を尾根伝いに結ぶ約36kmの行程で、この街道は、古く『土佐日記』（古写本に『土左日記』とも書かれている）の著者紀貫之が入国された時の道とされている。

③「ケンピ」という菓子

　高知県下の名物としてまず名が挙げられる「ケンピ」。覚えやすい名だが、諸説があってなかなか難しい菓子である。1688（元禄元）年創業の西川屋老舗の遠祖は、白髪素麺や麩、菓子を作っていた。初代西川屋才兵衛は現在の香南市赤岡に店を構え、ここは藩主が参勤交代で野根山を越していく時に宿泊した土地で、藩主は予楽寺に宿所していた。

　土佐藩主山内一豊が入国したのは1601（慶長6）年である。この頃西川屋の遠祖が白髪素麺や菓子を、山内侯に献上し御用商人となる。一説によれば、やがて才兵衛が白髪素麺をヒントに「ケンピ」を創製し、藩主に献上して喜ばれ、堅い干菓子だったので「ケンピ（堅干）」と名付け、広く一般にも売り出されたのであろう。保存が効くので兵糧になったと思わ

Ⅱ　食の文化編　　91

れる。

　現在の「ケンピ」は、砂糖を煮詰めた糖蜜に小麦粉を入れて捏ね、うどんのように延ばして短く切り、鉄板の上で両火（オーブン）で焼いた素朴な干菓子である。

④「ケンピ」の起源いろいろ

　(1)唐菓子説。『南国遺事』（寺石正路著、1916年）に飛鳥奈良時代の「巻餅（けんぺい）」という細長い菓子が「ケンピ」に転訛（てんか）したものという。(2)室町時代に明から渡来した点心の「巻餅」説。これは『庭訓往来』などに記されており「小麦粉・白砂糖・胡桃・黒胡麻を味噌溜まりの液で練り、銅の平鍋で焼き、丸く巻いて小口切りにした餅菓子」と書かれている。(3)前述の安土桃山時代の土佐の名産「白髪素麺」の製法を応用した西川屋説。(4)「健肥（けんぴ）」説。これは紀貫之が任を果たし帰国の際、935（承平3）年土佐の大湊に立ち寄った時、人々が土地に伝わる米麦の粉に、蜜、甘酒、鶏卵を混ぜて小麦色に焼いた菓子を献上した。病弱だった貫之は喜び、これを食せば肥（ふとり）、健康になると「健肥」と名付けたという。(1)とも関係しているが、土佐は蜂蜜の産地でもあった。(5)に日葡辞書（1603［慶長8］年刊行）説。これには「巻餅」とあり、「小麦粉あるいは練り粉菓子の一種で、曲り重なるようにあぶってあり、厚い聖体パンに似ている」とある。記述からみると唐菓子の「環餅（まがりもちあるいはかんぴん）」か。

　江戸時代の『古今名物御前菓子秘伝抄』（1718［享保3］年刊行）には「けんひん」があり、『嬉遊笑覧』にも「巻餅」がある。これらは(2)の点心説で、菓子の形状から見ると沖縄の「ぽーぽー」によく似ている。

⑤「ケンピ」と「犬皮」

　「ケンピ」は堅干の他に「犬皮（けんぴ）」と書かれる。つまり和菓子の中の羊羹は、元中国では「羊の肝の煮込み」。求肥は牛皮で「牛の脂身」のこと。ケンピは中国では「赤犬の皮」を供物にしていたようだ。我が国では殺生が禁じられていたので、それぞれ似せて和菓子で作られてきた。

　「ケンピ」を「犬皮」と書いたのは、「ケンピ」の焼き色の茶色からきていたのか。また、「松風」という菓子を「ケンピ」「ケンペ」ともよばれている。これも表面の焼き色からきているのであろうか。不詳である。

行事とお菓子

①正月の「カンバ餅」

　高知県の東部では、カンバはサツマイモを薄切りにして干した切干。これを餅に搗き込んだもので、手がかかるが正月に里帰りする子供のために作る。干したカンバは甘味があって美味しい。餅は臼で搗いておく。カンバも蒸して１時間ほどすると茶色くなってやわらかくなる。これを臼に移して粉になるまで根気よく搗く。

　これからが本番で、粉にしたカンバを濡れ布巾を敷いた蒸籠に再度入れて広げ、この上に搗いた餅をのせ、両方がしっくりなじむまで蒸す。蒸し上がったら両方を臼に入れ、砂糖を加えながら搗く。なめらかに搗き上がったら黄な粉を撒いたのし板に移して延ばす。

　都会では味わえない餅で、最近は専門の店もできている。

②端午の節句と「お接待」の「ヒキゴ餅」

　梼原町方面では、ヒキゴは小麦粉で作る餅で、これには２つあって、蒸し餅と炒り餅がある。夏から秋にかけて作り、七夕、お盆、夏祭り、八朔に作る。

　蒸し餅は小麦粉を水で練り、小豆餡を入れて適当な大きさに丸め、サンキライ（サルトリイバラ）の葉、ミョウガの葉で包んで蒸籠で蒸す。これを「しばもち」という。一方、油を引いた鍋で炒るのを炒り餅といい、餡なしもある。

　昔からこの餅を作り、集落のはずれの「お茶堂」で、７月いっぱい毎日お接待（お遍路さん）におもてなしをする。

③お盆の「山椒餅」

　県下では佐川町でしか作らないとされ、お盆には必ず作る。暑い時の餅はすぐかびるが、山椒餅は１週間おいてもかびない。山椒は、あちこちの家で植えてあり、秋に紅く色づいたら実を採って干しておく。皮が弾けて重い種がはずれ、皮を使うので翌年の盆の頃まで保存し、餅を搗く直前に擂り鉢ですって粉にする。

　昔はもち米の玄米を炒って石臼で粉に挽いた。黒砂糖に山椒の粉を合わせ、火にかけて砂糖が溶けたら火からおろして冷ます。もち粉に砂糖液を加え、擂り鉢で搗き、玄米の粉をまぶして蒲鉾形に整える。

新盆の家では、山椒餅と白臼を半紙に包み、盆見舞いに来た客の土産にする。

④お盆の花餅

室戸地方では、盆や法事には祭壇に団子と花餅を供える。花餅は、餡入りのもち米の蒸し餅で、椿の葉にのせて供える。

⑤八朔（旧暦8月1日）の「ほしかだんご」

ほしかは佐川ではサツマイモの切干。これを水に漬けてやわらかくし、たっぷりの水で煮る。半煮えの時、イモの3分の1のもち米を入れて炊き上げ、熱いうちにすりこぎで搗き、冷めてから団子に丸める。ゆでほしかは、小豆を混ぜて炊くので上等である。

⑥県下の心太の食べ方

夏の楽しみである心太は、高知県下では素麺のようにして食べるのが定番。磯魚をあぶり、この出汁で作った汁に、刻みアサツキ、おろし生姜を薬味にし、心太突きで突き出された心太を炎天の木陰で食べる。

⑦県下の「変わりぜんざい」

高知県下では、小豆のぜんざいに真鯛が丸ごと入っている。真鯛は4時間ぐらいかけて出汁をとり、この出汁でぜんざいを作る。ぜんざいに煮込んだ真鯛を浮かせ、蒲鉾を散らして完成。これは香味市の「郷土スイーツ」で、ぜんざいにタコを入れるのは佐川町である。

知っておきたい郷土のお菓子

- **大つぶ**（高知市）　小谷製菓所は土佐の郷土菓子を作る店。煎餅と飴の中間のような堅い菓子「中菓子」。はったい粉と砂糖、飴を使った「麦棒」。「大つぶ」はやわらかく白い晒し飴に黒ゴマをまぶし、一口大に切った飴。「つぶ」は、土佐で「飴」のこと。胡麻の香ばしさとあっさりした甘さである。
- **松魚つぶ**（高知市）　1887（明治20）年創業の山西金陵堂の土産菓子。土佐名産の鰹節をかたどったニッキ飴で、小さな金鎚が添えてあり、叩いて割って食べる。カツオで知られる「土佐の一本釣り」のイメージをしっかりとらえた名物。
- **土左日記**（高知市）　1936（昭和11）年創業の青柳の代表菓子。漉し餡を求肥で包み、香ばしいあられ状のそぼろをまぶしてある土佐銘菓。紀

貫之が土佐の国司に任ぜられた折に綴った『土左日記』（『土佐日記』、古写本に『土左日記』とある）にちなみ、和綴本風の箱入り。店名も貫之の歌「さざれ波　寄するあやをば　青柳の　かげの糸して　織るかとぞみる」にあやかっている。

- **野根まんじゅう**（東洋町）　野根の浜口福月堂が作る繭形一口大の小饅頭。薄皮部分から漉し餡がのぞいている。自家製餡は北海道十勝小豆100パーセント、これを純米酒で風味付けした生地で包んでいる。初代重太郎は明治維新後帯刀を捨て菓子屋となり、現在5代目。昔ながらに饅頭を作り続けている。

- **お茶屋餅**（香南市）　地元で「手結山のお餅」という。天保時代（1830～44）からある澤餅茶屋の名物餅で、ニッキを入れた漉し餡が包まれた大福餅。手結山越えの旅人たちが休憩した素朴な茶屋の餅。

- **筏羊羹**（四万十市）　右城松風堂が作る四万十市名物。かつて木材を四万十川の筏流しで運搬していたことにちなみ、丸太のような細長い円筒状の羊羹を何本か紐で結び、筏のようにつないである。1本売りもする。

- **小豆せんべい**（安芸市）　市内の何店かで作る名物煎餅。じっくり蜜漬けした小豆を入れた小麦粉生地を、昔は手焼きで1枚ずつ焼き上げた。卵を使わないため、小豆の風味が生きている。昔は1枚売りをした。

- **芋ケンピ**（県内各地）　千切りにしたさつま芋を油で揚げ、砂糖がけした郷土菓子。藩政時代から作られていたとも伝わるが、今や全国で作られるほど定着している。西川屋などの「ケンピ」は菓子としては別種。

- **忠華司・中菓子**（高知市）　ケンピとともに個性的な土佐駄菓子の1つ。小麦粉、砂糖、水飴をこね、薄く延ばして短冊状に切り分け、まん中に縦に切れ目を入れて焼くことで、砂糖が溶けだした形で焼き上がる。

乾物／干物

碁石茶

地域特性

　四国の太平洋側に位置し、東西に長く、四国南部太平洋から四国山地の山脈の山間地は多く、山間地率は90％にも及び、平地が少なく、香長平野と南西部の四万十川市がやや広い平野となっているが、ほとんどが海の近くまで山の迫る典型的な山国である。水不足に悩まされることはないが、大規模な河川改修工事を実施している。高知県の太平洋側は黒潮が流れており、温暖多雨で、台風が鹿児島に次いで2番目に多く、足摺岬、室戸岬などは強力な台風の襲来で知られている。

　県南西部の山間は大きく開発されることなく、自然豊かな山林を抜けるダムのない大きな四万十川は、最後の清流として有名である。気候は年間日照時間が多く全国的には1～2位で、降水量も多いが、晴れと降りが一気に変化しやすい特徴がある。

　温暖な気候を利用した早場米の「南国育ち」、花弁栽培なども盛んで「園芸王国」と称されている。近年、観光地としても、桂浜や幕末に討幕運動をした坂本龍馬、はりまや橋、よさこい踊りなどをもとに観光化している。

知っておきたい乾物／干物とその加工品

青すじ海苔　　　清流の汽水域でしか採れない天然青海苔は、四万十川産が日本の大部分を占める。味と香りの豊かな高品質。12月上旬〜翌3月下旬が収穫期。冬の風物詩でもある。

青海苔（ヒトエグサ）　　　愛媛県との県境に近い高知県津野町不入山（いらずやま）中腹に発した四万十川は穏やかに南下し、西に流れる。そして、西土佐で再び南に転じ、四万十市下田で土佐湾へと注ぐ。日本最後の清流として知られている。淡水と海水が混じり合う河口の汽水域では、アオサノリとアオノリの2種類の海苔が採れる。

　アオサノリは学名をヒトエグサといい、現在は100％が養殖もので、主

に佃煮などの原料になる。一方、アオノリは学名をスジアオノリといい、四万十川の水産資源の中でも特に有名で、天然ものは風味も香りもすばらしく、高級品として、漁期は12月下旬～4月上旬までで、2月ごろ採ったものは「寒海苔」、4月に採ったものは「春海苔」と呼ばれている。

太陽光がよく届く透明度の高い川底に自生していて、干潮時に熊手を使い手作業で採取する。雑物を取り除き、河原に張ったロープにかけて6時間ほど天日干し乾燥する。この乾燥過程が重要で、木枯しが吹く季節、ふっくらして柔らかく、みずみずしさと香りの豊かさがよい。

竹の皮

イネ科タケ亜科の多年生常緑植物であるタケの皮を乾燥した製品。近年は中国、台湾などからの輸入が大半であるが、国内では唯一高知県須崎市で土佐虎班竹が生産されている。

昭和初期には6,000tの生産であったが、現在は1,000tぐらいである。地下茎から出た若い芽はタケノコとして春早く食用とするが、タケの皮は食物の包装や笠、草履の表などに利用されている。

タケの皮は葉鞘の発達したもので、成長すると自然に落ちる。タケの皮の多くは、一般的にはマダケ、モウソウタケ、ハチクである。マダケは皮が暗褐色で表面に毛がなく、滑らかで、肉も薄く、弾力に富み、包装用に用いられている。モウソウタケの皮の表面は柔らかいウブ毛に被われていて、皮が厚く、乾燥するとバシバシになる。ハチクの皮はふちがなく、白皮と呼ばれている。タケの皮にはフェノール物質の抗菌作用があり、気孔による通気性で防腐能力を高めている。湿気があるとカビが生えてしまうが、湿気に注意して保存すれば数年使うことができるほど丈夫である。

また、電子レンジでそのまま加熱、解凍することもできるし、乾燥し過ぎても10分間ぐらい水に浸し、水分を適度に与えれば柔らかくなることから、用途も広く、おにぎりを包む、蒸し羊羹、中華粽、天むす、棒サバ寿司、牛肉のしぐれ煮などに使われている。また版画のばれんの表にも使用されている。

碁石茶

高知県大豊町には、日本唯一の「碁石茶」という昔から伝わる不思議な茶がある。緑茶、紅茶と違い、微生物発酵茶。むしろに広げたさまが碁盤に碁石を並べたように見えることから「碁石茶」と呼ばれ、今なお吉野川上流域の山深い里で作られている。四国山地の自然が繁茂している大豊町の山間地は標高430mで、霧が深く、日照時間が長

いので生育に適し、この地に自生する茶樹はこの地に古来より自生していた山茶と茶園のヤブキタで、無農薬である。碁石茶は蒸す、寝かす、漬ける、干す、という秘伝の独特の工程を経て作られている。

＜製造工程＞

①　茶摘み：自生する山茶とヤブキタを枝ごと刈る。緑茶は5月ごろ収穫するが、碁石茶は肉厚な葉に育つ7月ごろに摘み採る。

②　蒸す：蒸し桶に茶葉を詰め、大釜で約2時間蒸す。

③　寝かす：枝を切り除き、むしろをかぶせて数日間置く。

④　漬ける：桶に漬け込み、重石を乗せて数週間置く。乳酸発酵させる。

⑤　切る：桶から取り出し、3～4cm角に裁断する。

⑥　乾燥：むしろに並べて数日間乾燥させる。

碁石茶は、ご飯と炊くと赤飯のような色合いと香り、食感が楽しめ、茶粥や芋などと一緒に食べたり、そのまま茶として飲用する。

Column

碁石茶の歴史は古く、原産地は東南アジアの山間部ミャンマー、中国雲南省あたりと推測する。江戸時代に編纂した土佐の大叢書『難路志』に、本革郷碁石茶の記述がある。ルーツは中国雲南省に住む少数民族プーラン族が作っていた酸茶。酸茶は、カビを発酵させた後に竹筒に入れて土中に埋め、嫌気発酵させたものと原理的に同じである。また、プアールチャカビ付け発酵したものもある。

タンニンが少なく、甘酸っぱい香りと独特の風味、酸味がこの地方の特産でもある。

Ⅲ

営みの文化編

伝統行事

よさこい祭り

地域の特性

　高地県は、四国地方の南部に位置する。東西に長く、北部には四国山地が連なる。ほぼ8割が山地で、平地は、高知平野と狭小な中村平野・安芸平野ぐらいしかない。太平洋に面した海岸線は長く、西部はリアス式海岸となっている。気候は、黒潮の影響で温暖。夏季には降水量が多い。台風の通り道であり、風水害も多い。

　江戸時代には、土佐藩山内氏の領地であった。初期に物部川や四万十川など主要河川の治水工事が行なわれ、高知平野に3万石に及ぶ新田が開発された。また、港湾の整備や製紙業の導入など、殖産興業に力を注いだ。

　伝統工芸では、和紙、打刃物、古代塗、尾戸焼などが知られる。

　カツオやマグロの遠洋漁業が盛んで、それらの料理を盛り合わせた「皿鉢料理」が知られる。

行事・祭礼と芸能の特色

　高知県といえば、よさこい踊を連想する人が多かろう。盆踊を祖型とするが、ここまでの派手派手しい演芸化をみたのもめずらしい。が、手踊の伝統をしっかりと伝えていることにも注目しなくてはならない。

　高知県は、中央から遠く離れているがゆえに、さまざまな分野に古い風俗を伝えている。山地に分布する神楽、なかでも祈祷を主眼とする神楽は、次々に歌舞演芸化を進めた他県の神楽にはみられない素朴な古儀を伝えるものである。

　「土佐の神楽」(土佐郡・吾川郡・長岡郡ほか) と共に室戸市の「吉良川の御田植」も国の重要無形民俗文化財に指定されている。

主な行事・祭礼・芸能

土佐神社の斎籠（いごもり）祭と志那禰（しなね）祭

土佐神社（高知市）の斎籠祭は、3月11日から13日までの3日間行なわれる。志那禰祭は、例大祭で8月25日に行なわれる。

斎籠祭とは、氏子の忌（い）み籠（ご）もりの作法がとくに厳重であることを特徴とするまつりである。11日の午後6時以降、宮司以下が社殿に参籠し、玉垣の扉を閉ざして外部と交わりをもたず、祝詞（のりと）も低声微音で奉上するなど物忌みに入る。また、参詣者にも静寂を求めて高声を発することを禁じる。

12日午後、拝殿の焙炉に篝（かがり）火を焚き、祭典を行なう。このときには、とくに三杵飯（みきねはん）という神饌（しんせん）を供える。13日早朝、再び前日と同様の祭典を行ない、終わって直会（なおらい）に移る。直会では、神前からおろした三杵飯を、宮司以下が1本の箸を2つに折って、はさみとっていただく。昔は、13日の祭典の後で、摂社西御前社の社頭で、採作（さいづくり）と称する儀式を行なった。これは、村民から代仕（しろつかい）（男6人）と五月乙女（そうとめ）（女60人）が出て、初耕式（田起しの儀式）を行なうもので、神社から代仕には鋤（すき）の模型と「つるマムシ」と書いた薄板を、五月乙女にも同様の薄板を各人1枚ずつ授与した。

かつては、祭礼の期間中、全村内では臼や糸車など音をたてるものの使用はすべて厳禁した、という。それは徐々にゆるんでいったが、近年までその風は伝えられていた。

一方、志那禰祭は、新嘗祭（にいなめさい）の転じたものとも、新稲（しいね）の転じたものともいわれる。また、風の神「志那都比古神」に由来するとの説もある。

志那禰祭は、土佐御船祭とも呼ばれ、県内最大の船祭として伝えられてきた。もとは、旧暦7月3日が祭日で、浦戸港から高岡郡玉嶋の鳴無（おとなし）神社まで海上渡御が行なわれた。現在は、社前での祭典後、三の鳥居前の御旅所に渡御し、そこで御船上りの儀が行なわれる。これは、古い海上渡御の形式を残すものといわれ、神輿（みこし）の轅（ながえ）（梶棒）に台を渡し、その上に削り肴・三杵飯・鰡（ぼら）ずしを供える。

神輿渡御の際には、参詣者が手に手に松明（たいまつ）を持って従うが、その火は境内で焚いた忌火（いみび）から取る。渡御が終わると残り火を持ち帰って、その炭を雷除けや子どもの夜泣き止めのお守りにする、という。また、神輿の下をくぐると夏の病にかからないといわれ、参詣者は次々と神輿の下を腹ばい

になってくぐる。

茄子取神事
<ruby>茄子取<rt>なす</rt></ruby>

旧暦8月15日に行なわれる不破八幡宮（中村市）の神事。一宮神社（中村市）の女神（三柱）と神婚の式を行なうもので、別名「神様の結婚式」とも呼ばれている。

14日の夜、神籤によって三柱のうち一柱を決める。神輿が供船を従えて川をさかのぼり、不破に着岸すると、不破方では奏者という役が酒1斗に二叉の茄子1個を持って出迎える。これに対して神輿側はさんざんと難癖をつけ、時には奏者を水に突き落とす。ようやく受け取りがすむと、舟歌で祝う。これを船戸あげ（上陸の意味）とも茄子取ともいう。

八幡宮の神職が途中で出迎え、結納の品（小袖・帯・太刀）に二叉茄子と神酒を添えて供え、勧盃の式を行なう。神輿が八幡宮に到着すると、かき棒を三度突き合わせる。これを輿合わせという。この輿合わせのあと、還幸する。

なお、この神事に先だち、八幡宮では、神輿洗い（旧暦7月16日）、馬籠り（11日から上げ馬・替馬各3頭が馬舎に籠る）、塩垢離などが行なわれる。

手結盆踊

旧暦9月26日に手結岬の竜神社（香南市）で、9月30日に夜須八幡宮で祭礼が行なわれる。そのときに、神前に筵を敷いて踊られるのが「盆踊」といわれる。「つんつく踊」ともいわれる。

烏帽子に直垂、白一色の袴姿で扇を手にした12人の踊り手が円陣となり、風雅な歌にあわせて踊る。囃子は、鉦と太鼓である。

古くは多くの曲を伝えており、古記録によると、小踊唱歌17番と神踊歌31番、計48番の歌詞があった。だが、現在は、「玉章」「遠走り」「きみ代の踊」「あや踊」「若き姫たちの踊」の5番だけで踊られている。曲目は少なくなったが、古風な風流踊の優雅さを今に残す芸能である。

よさこい祭

毎年8月9日の前夜祭、10日・11日の本番、12日の全国大会と後夜祭の4日間にわたって高知市で開催される盆まつり。第1回は、昭和29（1954）年、徳島の阿波踊に対抗するかたちで開催された。いまでは、延べ100万人にも及ぶ人出があり、阿波踊・新居浜太鼓祭と並んで四国三大まつりのひとつとなっている。前夜祭の9日には、約4,000発の花火を打ち上げる高地市納涼花火大会も開催される。

10日と11日のまつり本番には、市内9カ所の競演場、6カ所の演舞場で趣向を凝らした150以上のチーム約1万5,000人が演舞を繰り広げる。まつりは、パレード式で行なわれる。地方車と呼ばれるトラックのうしろに踊り子が連なってよさこいを踊り、各会場を順番に回っている。踊り子たちの衣装や化粧もみものである。

土佐の諸神楽

　四国山地に沿った東西一帯の山村に多くの神楽が伝承されている。土佐郡本川村の「本川神楽」、香美郡物部村の「いざなぎ流御祈祷」、長岡郡大豊町の「岩原・永渕神楽」、吾川郡池川町の「安居神楽」「池川神楽」、吾川村の「名野川磐門神楽」、高岡郡檮原町の「津野山神楽」、東津野村の「津野山古式神楽」、幡多郡十和村の「幡多神楽」があり、あわせて9つの保存会が「土佐の神楽」としてひとまとめに国指定の重要無形民俗文化財になっている。それぞれの神楽にはそれぞれの特徴があって、どれをもって土佐の神楽の代表とはいえないが、もっとも山深いところにある夜神楽で、他にみられない演目をもつのが本川神楽である。

　本川神楽は、本川村に点在する10カ所の神社で、11月半ばから12月にかけて奉納される。すでに300年も前から伝承されてきたが、素朴な凡情を現在まで伝える。

　演目は17番。そのなかで、たとえば、「座堅め」として秘文を唱えながら榊の葉を一枚一枚ちぎって投げる「柴こきの舞」や、印を結んで邪霊を祓う「法合わせ」などは独特の神事舞である。また、稗や大豆・小豆などを捧げて舞う「初穂よせ」「やたの舞」「小豆神楽」などは、農作儀礼が神楽に展じたものであろう。ほかに、炭焼きの翁として親しまれる「鬼神争い」に出てくる木樵も本川神楽独自のものである。いかにも山に暮らす人たちの生活に結びついた登場であるところが興味深い。

　迫力があるのは、赤い布ですっぽり身を包んで登場する「山王舞」や「般若の舞」である。とくに、般若の舞は、秘文を唱えたあと突如として覆っていた布を払いのけるとそこに般若の面が現われ、激しく急テンポで舞うというもので、躍動感にあふれている。

　いざなぎ流御祈祷神楽は、その名が示すとおりに呪術的な要素を多く伝えており、修験（山伏）の行法にも通じるものである。

Ⅲ　営みの文化編

ハレの日の食事

　冠婚葬祭はもちろん、さまざまな行事日に「皿鉢料理」が欠かせない。これは、直径30センチ以上の有田焼や九谷焼の大皿（皿鉢）に、刺身・煮もの・焼きもの・すしなどを盛り合わせた豪華な料理である。カツオを使ったものが多く、なかでもカツオのたたきは有名である。すしは、「イワシのうの花ずし」「サバの姿ずし」などがよくつくられる。夏は素麺も盛る。

　なお、山間部にも皿鉢料理がある。たとえば、津野の「田舎ずし」。これは、魚のかわりに野菜を多く使った山菜ずしである。

　古く、山深い集落では、俗にいう「餅なし正月」もあった。そこでは、サトイモ料理が主役となっていた。

寺社信仰

四国31 竹林寺

寺社信仰の特色

　高知県は坂本龍馬や岩崎弥太郎、板垣退助、浜口雄幸、中江兆民など、日本を代表する知恵者を輩出した土地であり、寺社信仰の面でも知恵を尊重する気風が漲っている。県内で最も参拝者が多いのは高知市の潮江天満宮とされるが、ここは学問の神様として受験生の参拝が多い。

　四国31竹林寺も、県外からの遍路だけでなく地元住民の参拝も集めるが、五台山と号するように「三人寄れば文殊の知恵」で知られる文殊菩薩の聖地であり、京都府の切戸文殊、奈良県の安倍文殊とともに、日本三文殊の一つに数えられている。

　また、高岡郡津野荘からは「五山文学の双璧」と称される義堂周信と絶海中津が出ている。

　土佐一宮は高知市一宮にある土佐神社で、味鋤高彦根神と一言主神を祀り、四国30善楽寺が別当であった。大祭の志那祢様は、中土佐町の御神穀様、仁淀川町の秋葉様、四万十市の一條公様、いの町の大国様などとともに、土佐三大祭に数えられている。

　土佐二宮は日高村の小村神社といわれ、小村大天神として国常立命を祀るが、剣（大刀）や大日如来の信仰もみられる。高知市の朝倉神社（天津羽々神）も、土佐神社の后宮とされたことから、二宮とされた。

　1960年代までは山間部では林業や〈土佐の焼畑習俗〉‡が盛んであり、それに付随して盆の太鼓踊りやイザナギ流御祈禱などの〈土佐の神楽〉†が各地の寺社で奉納されてきた。

　高岡・幡多郡の山間部では〈土佐の茶堂の習俗〉‡も村々でみられた。人々は沿道に吹き抜けの簡素な小堂を建て、弘法大師や地蔵の像を祀り、親睦や祭祀の場として、また、旅商人や遍路に接待する場として利用してきた。こうした民俗は、四国遍路の信仰を支える一助になっていたと考えられる。

凡例　†：国指定の重要無形／有形民俗文化財、‡：登録有形民俗文化財と記録作成等の措置を講ずべき無形の民俗文化財。また巡礼の霊場（札所）となっている場合は算用数字を用いて略記した

105

主な寺社信仰

御田八幡宮
室戸市吉良川町。吉良川の総鎮守。八幡山無量寿院が別当を務め、阿弥陀堂などがあったが、明治期に廃された。吉良川は古くから薪や材木の集積地として栄え、鎌倉時代の京都石清水八幡宮文書にも木材産地として記されている。隔年5月3日には日本三大奇祭にも数えられる〈吉良川の御田祭〉†がある。古風な田遊びの要素が濃厚で、赤子の人形を奪い合う「酒絞り」の演目があることから、子授かりの祭りとしても広く知られている。10月15日の例祭には〈吉良川御田八幡宮神祭のお舟・花台行事〉‡があり、海岸の浜宮に向けて、傍士地区が出す船形山車1基を先頭に、提灯や花で飾りつけた花台4基を若衆が引いて町を練り歩く。夜には境内で、高さ10m・重さ1tもある花台を、提灯を灯したまま高速回転させるチョウサイ舞があり、見事な光の乱舞をみせる。

恵比寿神社
室戸市元。四国26の竜頭山光明院金剛頂寺の南麓にある。高知県各地の漁港と同様、海の神様としてエビスを祀っている。鰹漁の夏枯れの時期にあたる旧暦6月10日には竜宮祭があり、漁業に携わる者が多勢集まり、朝4時半には〈シットロト踊〉‡の踊り始めが行われる。当日は20人ほどの乗子(船乗り漁師)が、投網笠に五色の紙垂を幾重にも貼り、難を去る意の猿の縫い包みを付けた花笠を被り、鯛や鰹を描いた浴衣を着て、魚の供養と漁招き(豊漁祈願)を兼ねて、浮津や室津にある漁業に縁のある神社や寺堂、船主の家々など30か所ほどを巡り、17時頃まで踊りを奉納し続ける。奈良師の地蔵堂の庵主が旅の乞食僧から伝授され、浮津下町の恵比寿堂と四国25津照寺山麓の琴平神社で踊ったのが始まりという。もとから奈良師にかけての海岸は海亀の産卵地として有名。

伊都多神社
南国市前浜。伊豆那姫命を祀る。砂丘の高台に鎮座し南海地震の避難場所に指定されている。室町時代に田村氏が幡多郡高知山の伊豆多大明神(伊豆田神社)を勧請したと伝える。昔は脚気に御利益があるとして土佐一円から来拝された。11月には神祭(大祭)があり、御穀祭や御羽毛竹立、神幸祭など一連の行事が営まれる。地元の男衆が白装束にピンクの襷と水色の帯を巻き、花笠をつけ、白塗

りの化粧で女装し、神輿を担いだり太鼓を叩きながら界隈を練り歩き、氏子全戸を回る。前浜では伊都多橋の袂などで6月に〈南国市後川流域のエンコウ祭〉‡が行われる。子どもたちが菖蒲小屋をつくり、胡瓜などを供えて猿猴（水に棲むとされる妖怪）を祀り、水難防止を祈願する。南国市稲生にある河泊神社でも旧6月にエンコウ祭りが行われている。

若一王子宮

香南市香我美町徳王子。村上永源上人が紀州熊野から十一面観音の厨子を背負ってきて安置祭祀したのが始まりと伝える。大忍庄の総鎮守で、熊野新宮や徳王子権現とよばれた。今は天照大神と池田親王を祭神とし、相殿に速玉男神・伊邪那美命・事解男神を祀る。11月8日の大祭には神輿が4か所の旅所を回り、それぞれ神事・獅子舞・餅投げをする。神輿の下を潜り抜けると無病息災の御利益があるという。旧暦の1月1日・5月5日・9月9日には〈烏喰の行事〉‡がある。昼に搗いた御膳上げ餅を深夜に本殿の屋根に供え、朝までに烏が餅を食べたか否かで作物の豊凶を占う。食べていれば祈願成就で豊作になるという。行事に参加する総代らには「潮垢離取り」や「お籠り」が課され、餅の準備が済んだ後には宮内外に祀られている小社を拝んで回る「小宮参り」も行う。

定福寺

大豊町粟生。粟生山歓喜院と号する。真言宗智山派。新四国曼荼羅霊場61番。本尊は阿弥陀如来で、境内に熊野神社がある。西側には豊永城があった。宝物館では珍しい「笑い地蔵」などが拝観できる。境内の豊永郷民俗資料館では〈土佐豊永郷及び周辺地域の山村生産用具〉†2,595点を収蔵公開し、吉野川上流域の楮の皮剥ぎや柚の古態を今に伝えている。「土佐打刃物発祥の地」とよばれる香美市土佐山田町に近いことから、斧や鎌などの鍛造品の収集は量質ともに優れている。境内には万葉植物園と蓮池もあり、夏には大賀蓮が大輪の花を咲かせ、蓮祭りも催される。2002年まではユースホステルも経営し、宿泊者は五大修行を体験することができた。3kmほど南にある龍王の滝が行場で、その先の梶ヶ森（加持ヶ峰）が奥ノ院で、七仏霊場巡りが行われている。

白髪神社

いの町長沢。猿田彦命と白髪大明神ほか2神を祀るという。昔は八社神内大明神と称したといい、町内に数社ある八所川内神社と同様の信仰があったと思われる。11月15日に奉納される〈本川神楽〉‡は土佐唯一の夜神楽で、1523年頃に中野川に落着した高橋氏

が伊勢山田から岩戸神楽を伝え、無病息災・悪魔退散の祈祷として奉納したのが始まりとされる。平素は農業に従事する神楽太夫とよばれる人々が、11月中旬から12月上旬の神祭の期間に本川郷内の各社を回って神楽を演じ、古風を保って伝承してきた。中津川には高橋氏を祭る桟敷石神社があり、大森の八幡宮では11月14日に神楽が奉納されている。いの町立本川新郷土館では、神楽の面や古文書を展示して本川神楽を地域一帯の中世山岳文化とともに紹介するほか、林業の民具などを収集・保存・展示している。

八代八幡宮（やしろはちまんぐう）

いの町枝川（えだがわ）。鎮守の杜が生い茂る小さな丘の上に鎮座する。参道の入口には、頂（いただき）に八幡神の神使である鳩（はと）をのせた注連柱（しめばしら）が立つ。参道を横切る川には神橋が架かる。境内には本殿・拝殿のほか、西宮神社や〈八代の舞台〉†がある。この舞台は昔は神楽殿であったが、江戸時代後期に全国的に歌舞伎が流行した際、「氏神様は芝居が好き」として歌舞伎が奉納され、以来、氏子の若い衆により毎年歌舞伎が演じられるようになったという。今も11月5日の祭礼日（ホンジツ）と、その前日のシンガク（試楽か）には地元青年団らが農村歌舞伎を奉納し、白浪五人男（しらなみごにんおとこ）などを演じている。現在の舞台は明治初期の再建と推定され、皿廻し式廻り舞台、二重台（コウザ）、太夫座、花道、スッポンなどの多様な機構を有し、中道という他に類例をみない独特な機構もみられる。

池川神社（いけがわじんじゃ）

仁淀川町土居乙（によどがわちょうどいおつ）。池川郷の総氏神で、池川を一望できる高台に大己貴神（おおなむちのかみ）を祀る。高賀茂神（たかかものかみ）（土佐一宮の祭神）も併祀（へいし）。平家の落人（おちうど）、安部肥前守宗春らが寄合の地に移住し、1194年に当社を創建したという。この安部氏が代々神職を勤めている。11月23日に奉納される〈池川神楽〉‡は社家の安部氏が中心となって伝承してきた。1593年の『神代神楽記』では土佐最古の神楽とされ、土佐三大神楽の一つに数えられ、〈土佐の神楽〉†の一つでもある。雅楽の冠り物である鳥兜（とりかぶと）を着用するなど衣装が華麗で、和卓舞（おしたくまい）や薙刀舞（なぎなたまい）のアクロバティックな舞振りは優雅である。また、児勤舞（こきんまい）（マンゴヂイ）は土佐神楽唯一の特異な舞である。最後は五神が五色の旗を立てて問答する王神立神儀となっている。

三嶋神社（みしま）

津野町北川高野（つのちょうきたがわたかの）。津野山郷高野の氏神。津野氏の始祖と伝える藤原経高（つねたか）が伊予国から土佐国に入った際に勧請した

伊予三嶋神を祭神として1681年に創建したという。11月16日の大祭は御神祭と親しまれ、神に奉納する簡単な手振りの「お伊勢踊り」や、絢爛豪華な戦国武将を偲ばせる「花取り踊り」、牛鬼などの練り、オナバレ（神幸行列練り歩き）などとともに、〈土佐の神楽〉†の一つ〈津野山神楽〉‡の奉納がある。この神楽は経高が京から伝えたといわれ、舞い納めに8時間を要する古式神楽である。当社の他、檮原町川西路の三嶋神社などでも奉納されている。境内には日本に唯一現存する鍋蓋上廻し式の舞台である〈高野の舞台〉†があり、4年に一度、農村歌舞伎が演じられ、娯楽や親交の場となっている。近くには中平善之進風神塚や御茶堂も建っている。

須賀神社

須崎市大谷。大谷・野見地区の産土神。境内の楠は四国最大級の巨木で、幹の洞内に祀られた楠神様は病弱な子を強くしてくれるとして祈願者が多い。もと牛頭天王と称したが、1868年に現称とし、建速須佐之男命を祀った。土佐七雄の津野氏が勧請したと伝える。1707年の大津波で神体は社殿もろとも海に流れたが、野見湾内の赤崎に夜ごと燈明があったことから神体が発見され、現在地に遷座再建されたという。以来、毎年10月18日の大祭には赤崎の浜から砂を取ってきて奉納するという。大祭には孔雀・山鳥・雉などの尾羽根を飾った花取り踊りも奉納される。旧暦1月14日の晩には〈野見のシオバカリ〉‡があり、宮司が参加者の祓いをする。飾り付けた根付き竹で域内を地搗き（地祓い）して回り、深夜の干潮（夜潮）に蛭子崎の海中に立てて年を占う行事である。

妙本寺

宿毛市山奈町芳奈。寿量山と号す。日蓮宗。施餓鬼会や御会式、信行の会などを営む。1398年頃に松寿院日在上人が開山したという。寺宝として最近まで蛇動丸という刀があったが、今はない。この刀は讃岐国藤目城の合戦で没した細川弥四郎のものである。弥四郎の父は長宗我部元親の勇将、十市（細川）備後守宗桃で、寺の北にあった鶴が城（吉奈城）の主であった。寺のそばにある「おひめさま」とよばれる祠は、宗桃の孫娘を祀るといわれる。城の西麓には鶏神社があり、参道の脇、字宮の下には〈浜田の泊屋〉†がある。泊屋は矢倉や若者宿ともよばれ、戦国時代に城の見張り場所として建てられたのが起源と考えられている。大正時代には幡多地方に280か所もあったが、現在は芳奈の4か所を残すだけとなった。床下には若衆たちが担ぎ上げた力石が今も残る。

天満宮
てんまんぐう

四万十市磯ノ川。字萩岡山に鎮座。菅原道真を祀る。秋祭りは旧暦9月26日に営まれ、境内では〈磯ノ川太刀踊〉が奉納される。演目は9通りあるが、3〜7番のスクイ、サタオドリ、イタダキ、エガヤシ、テッポウダメ以外は演目呼称が不明である。踊り子は、派手な衣装に化粧をした幼児の太鼓打ちを中心に、輪になって踊る。太刀踊り（花取踊り）は高知を代表する民俗芸能で、幡多地方では鳥毛の冠り物や武者袴は着けず、浴衣や平常着の着流しで踊るのが特色である。手足の動きがそのまま見えることから、跳躍的印象が深い。香川や徳島から伝播したと考えられ、もとは盆の芸能であったのが、高知の平野部に至って秋の祭礼芸能に変化し、勇壮な太刀さばきを各地でみせるようになっている。

伝統工芸

土佐打刃物

地域の特性

　高知県の北部は四国山地を介して徳島・愛媛両県に接し、南部は太平洋に面している。温暖で雨が多く、面積の約8割は森林である。ヤシ科のビロウなど亜熱帯植物の自生地もある。早場米や野菜の栽培が盛んで実り豊かな土地柄だ。

　戦国時代の16世紀後半、長宗我部元親は高知の木材を「御用木」として、京都や大坂で売り捌いた。江戸時代には、野中兼山が幕府の許可を得て土佐白髪山のヒノキを陸揚げし、立売堀の市で販売した。大阪長堀川の「白髪橋」「立売堀」という地名の由来になっている。

　森林の手入れには、刃物が欠かせない。土佐各地の鍛冶屋は、武家の刀鍛冶との交流を得て、刃物づくりの技法を向上させた。その技が「土佐打刃物」に受け継がれている。

　また、高知県には、土佐和紙のコウゾやミツマタ、虎斑竹細工のタケ、土佐備長炭のウバメガシなど、伝統工芸に欠かせない自然の資源が豊かであり、深海に生きるサンゴは、宝石珊瑚に磨き上げられることとなった。

　高知県には、山と海の恵みから直に伝統工芸を産み出すような、自然とのかかわり方が見受けられる。最後の清流と呼ばれる四万十川の沈下橋や火振り漁などのように、自然と暮らす知恵が豊かな地域であると思われる。

伝統工芸の特徴とその由来

　高知県は、南海道の土佐国であった。『日本書紀』によれば、7世紀には国司による収税が行われていた。平安時代に国司として赴任した紀貫之は、紙の製造を奨励したといわれている。土佐から京へ戻る旅路を綴った『土佐日記』は935（承平5）年頃の成立であるという。

　戦国時代には、長宗我部氏が土佐を支配したが、関ヶ原の戦いの後、

Ⅲ　営みの文化編　　　111

1601（慶長6）年に山内一豊が土佐24万石の領主となり、山内氏は幕末まで土佐藩を治めた。

　長宗我部氏は、林業に力を入れて、打刃物を発展させた。また、土佐凧を、戦いの相手との距離をはかる兵器として用いたともいわれている。土佐藩は、土佐の木材や、トラフダケ、サンゴなどの資源を厳重に管理した。明治時代以降も、高知県の伝統工芸は、和紙の新たな製造法の開発や珊瑚細工の技法の洗練などにより発展した。

　現在、合成樹脂などの新素材に、竹や炭などの伝統工芸品の一部が置き換えられてきた。しかし、自然の資源を維持しつつ、暮らしを心豊かにするものとして、その製法や価値が見直され、受け継がれている。

知っておきたい主な伝統工芸品

土佐和紙（吾川郡いの町）

　土佐和紙の特徴は、種類の豊富さにある。書道や日本画、版画やちぎり絵用の紙、タペストリーや壁紙、包装紙などのほか、便箋や封筒、バッグなど数百に及ぶ和紙や和紙製品がつくられている。使用される原料や紙の厚み、色や質感も実にさまざまである。

　中でも、「土佐典具帖紙」と呼ばれる、コウゾからつくる厚さ0.03mmほどの世界一薄い和紙がある。その薄さと強靱で変質しない特性を高く評価され、国内外の文化財修復用紙として専門家の信頼するところとなっている。

　多種類の和紙は、コウゾ、ミツマタ、ガンピを主原料に、紙の用途に応じて藁、タケ、マニラ麻などを混ぜたり、色を入れたり、紙漉きに工夫を凝らしてつくられる。薬品に頼らず、手で根気よく塵を取り除く伝統的な原料処理を行うことにより、土佐和紙は芸術家に選ばれる作品制作のための紙となっている。

　産地では、作品の素材を紙に限定した「高知国際版画トリエンナーレ展」を3年に一度開催し、多品種・高品質な土佐和紙を世界に広める場としている。

　高知県いの町は、良質なコウゾやミツマタと仁淀川の水の恵みを活かし、平安時代には紙漉きが盛んであった。戦国時代には、草木染の「土佐七色紙」が献上品とされてその名が広まった。明治時代に、地元の吉井源太が

大型簀桁を始め次々に製紙技術を開発したことにより、土佐和紙発展の基礎が築かれた。

土佐打刃物（高知市、安芸市ほか）

土佐打刃物には、鉈、斧、鋸、鎌、鍬、包丁など各種の刃物がある。その特徴は、「自由鍛造」といって、金属材料を高温に加熱し、ハンマーなどにより、上下の金敷間で力を加え、希望の形状に成形するところにある。材料を叩いて伸ばしたり、穴をあけたり、曲げたり、製品の用途に応じて自由に成形し鍛錬する。熟練を要する技術だが、使い手の細やかな要望に応えることができる。日本全国の「自分のための刃物」を求める使い手に、土佐の鍛冶職人それぞれが、得意な分野の使い勝手のよい製品をつくり、対応している。

　高知県は、全国屈指の「温暖多雨地」で、古代から「良木」の産地であり、山仕事に必要な打刃物が古くからつくられていた。鎌倉時代後期、土佐へ大和国の刀鍛冶が移住し、武具を制作し、農耕に用いる鎌や鍬、山林用の斧や鉈などの鍛冶にも影響を与えたといわれている。1590（天正18）年に土佐一国を総地検した『長宗我部地検帳』には、399軒の鍛冶屋があったと記されている。

　江戸時代初期、土佐藩は財政窮迫解消のため、「元和改革」（1621（元和7）年）を実施、林業や新田開発を進めた。家老野中兼山の「農山林収益策」が採用され、優秀な農業林業用打刃物が求められた。鍛冶屋の技術はさらに向上し、打刃物の生産量と品質はともに高まったのである。

虎斑竹細工（須崎市）

虎斑竹細工は、トラフダケの魅力である表面の模様を活かした建築用材、庭園用袖垣、茶道・花道の器類、箸などの竹工芸品である。

　トラフダケ（虎竹）は、ハチクの仲間で、虎皮状の模様が特徴である。県出身の植物学者牧野富太郎が命名したものである。トラフダケは、なぜか、須崎市安和以外に移植すると虎斑模様が美しく出ない。成育に際しては、芽を出した筍のときから伐採するまで、薬剤、化学肥料などは一切使用しない。

　品質保持のために、11～1月下旬までの時期に1年分を伐採する。無農薬のトラフダケを炙り、竹から出る油分で拭き上げると虎模様が一層はっきり浮かびあがる。田んぼや土場に広がる虎斑竹の光景は、虎竹の里なら

Ⅲ　営みの文化編　　113

ではの風物詩である。

江戸時代には、土佐藩主に献上された銘竹ではあったが、一般にはほとんど知られることがなく、明治時代にようやく大阪の商人の知るところとなった。昭和時代に入り、トラフダケの生育範囲を広げ、製品の種類も増えたことにより広く知られるようになった。

土佐備長炭 (安芸市)

土佐備長炭は、火力が強く長もちするため、うなぎ専門店や料亭などで使用される。高温で焼いた不純物のない土佐備長炭は、食材ににおい移りがしないという利点もある。中でも、ゆっくりと成長するウバメガシは木の密度が高く、最も品質がよいとされ、焼き上がった炭を叩くと金属のような音がする。

山から伐り出した原木を、窯に入れて1週間ほど乾燥させる。煙が充満した窯の中で1週間かけて炭化させた後、空気を入れながら1000℃以上で焼き上げ、窯出しして灰の中に入れて消火する。原木の乾燥や炭化の状態は、窯の底から伸びる煙突の煙の色やにおい、窯口の火の様子などで確認する。原木の種類や状態によって調整が必要なため、熟練を要する。冷えた備長炭はカットし、選別して箱詰めする。

炭焼はもともと中国で生まれた技術で、1000年以上の歴史がある。それが日本に伝わり、土佐では江戸時代から白炭（木炭）が生産されていた。

1907（明治40）年、紀州の炭焼き職人植野蔵次が四国遍路の際に室戸を訪れ、原料のウバメガシを始めカシ類が豊富な室戸市羽根に居を移して、炭焼き窯の改良と製炭技術について伝授した。その結果、大きな窯で大量に質のよい炭を焼くことができるようになり、高知県東部に炭焼が広まった。

現在では、炭の需要は限られてきたが、高知県では、放置された山に生い茂った木を伐り、林に光を入れて下草を育て、動物も川も力強く循環していく環境を取り戻すために「炭を創る」活動が行われている。

宝石珊瑚 (高知市)

宝石珊瑚は、海中の生物からつくられる宝飾品である。中でも、真紅の「血赤サンゴ」は「トサ」と呼ばれる最高級品だ。ほかにも、赤やピンク、白など魅力的な色がある。宝石珊瑚の特徴は、この貴重な素材と彫刻とにある。伝統的な土佐彫りの、縦に深く彫り込む立体的な線により、御所車や乱菊、バラなど、品格のある独特な造形が生み出されている。

宝石珊瑚は80m以上の深海に生息する花虫綱八放サンゴ亜綱ヤギ目サンゴ科の生物で、1年に0.3mm程度のゆっくりとした速度でサンゴ独特の樹状の形に成長する。成長がきわめて遅いサンゴは稀少な存在であり、高知県では、貴重な資源の維持を目的として、宝石珊瑚の増養殖事業を試みている。

　古代以来、サンゴの主産地はサンゴが比較的浅い海に生息していた地中海であった。日本では、江戸時代中期に高知沖で発見されたが、土佐藩はサンゴの採取、販売、所持を禁じた。サンゴ漁は明治時代になってから、珊瑚細工とともに盛んになった。

　深海に育つ宝石珊瑚は、世界中で誕生のお守りとして大切にされていた。英国王室では、誕生した王女のベッドに珊瑚を飾り、土佐では、赤ちゃんの手首に珊瑚の数珠をもたせるなどした。長年使用して光沢が衰えた珊瑚は、つくり手の磨きの技によって、再び輝く。高知県の伝統工芸、宝石珊瑚は、海への感謝とともに手わたしていきたい宝物である。

土佐凧 (香南市)

　土佐凧はシンプルなつくりで、厚手の丈夫な手漉きの土佐和紙と竹ひごでつくられている。正方形の角立てで、墨の線と鮮やかな赤色が特徴であり、赤には魔除けの意味がある。

　真ん中の胴骨に「ちもと」という凧を揚げるための糸が縦に並ぶ独特の形状をしている。「ぶんぶ」と呼ばれる横骨を外して、くるくると巻いてもち運ぶことができる。

　現在、土佐凧は、インテリアとして人気がある。若武者、金太郎、鶴、干支などさまざまな絵柄やサイズがあり、小さいサイズの額装の土佐凧を複数並べる楽しみ方もある。

　凧は古代中国で兵器や宗教的な占いの道具としてつくられ、平安時代に日本に渡来したといわれている。土佐では、戦国時代に長曽我部氏が、敵方との距離をはかる空飛ぶ兵器の一種として凧を用いたという。江戸時代には、高知県の東部で土佐凧を揚げて男児出生を祝ったり、還暦祝いに凧あげをするなどの風習が生じ、家紋などを描いた凧がつくられるようになったといわれる。

　大きな土佐凧に、ジャーラと呼ばれる景品の番号をいくつもつけた糸をつけ、小型の凧のジャーラで番号のついたジャーラを切り合う行事もある。新正月から旧正月にかけて開催される「土佐凧揚げ大会」などで行われる。

民　話

地域の特徴

　高知県は、背後に急峻な四国山地、前方には黒潮寄せる太平洋が広がる、山と海の県といえる。自然に恵まれ、冬の日照時間が長く、「南国土佐」と歌われる気候温暖な地である。酒と政治の議論好きな、明るくおおらかな県民性は、南国の自然環境が影響しているかもしれない。

　古代の土佐国は、南溟（南方の大海）にある「遠流の地」と、都人に遇されてきた。この地に国司として赴任していた紀貫之が、承平4（934）年に国府を離れてから都に帰るまでに記した『土佐日記』は、女性仮託の日記文学として有名である。人々との交流や風俗、海賊への不安などといった、当時の土佐国の実情に触れた一級の歴史史料でもある。

　中世の土佐は守護大名の細川氏や長宗我部氏に続き、土佐藩主に着いたのは信長の家臣であった山内一豊である。その山内氏が近世の土佐を支配し、近代を迎えることになる。その明治維新の立役者として坂本龍馬や中岡慎太郎などが活躍したことは、高知県人の大きな誇りである。

　現在の高知県は過疎と高知市の過密化に悩むが、民衆が育ててきた「よさこい踊り」の自由で開放的なリズムが若者の心をつかみ、全国によさこい祭りが展開したように、今の苦境も若い力が結集し、打開することを信じたい。

伝承と特徴

　高知県の昔話調査や研究の幕開けは、桂井和雄による。桂井は1937（昭和12）年頃から、昔話の収集のために県内を歩き始める。その成果を戦後まもなくの1947（昭和23）年に『土佐昔話集』として公表する。続いて1951（昭和26）年に『土佐の傳説』、翌1952（昭和27）年に『笑話と奇談』（土佐民俗叢書。後に合冊し『土佐昔話集』に収録される）を刊行する。1961（昭和36）年には土佐民俗学会を発足させ、機関誌「土佐民俗」に

民俗全般にわたる資料や論文を載せるなど精力的に研究にいそしむ。

桂井に続く研究者として坂本正夫、市原麟一郎が挙げられる。坂本は『猿の生肝』『土佐の昔話』を刊行する。また、市原は『土佐の民話』をはじめ、多くの民話集の刊行のほかに、1976（昭和51）年から『高知・伝説散歩』を皮切りに、県内の「伝説散歩」シリーズを都合7冊刊行する。他に『南国夜話』（1945）、『土佐奇談実話集』（1957）を著した小島徳治がいる。小島は高知新聞社の記者として、歴史記録や取材に基づいた世間話を著した。

ところで、高知県の民話における伝承の特質は笑話にある。本格昔話と比べて伝承が豊富ということもあるが、笑いの内容に特徴がある。分類でいえば「おどけ者」「狡猾者」に属する笑いで、滑稽やひょうきんなしぐさで笑わせるオドケや、ずるがしこく振る舞い相手をやりこめる、土地の言葉でいうテンクローと呼ばれる人物の言動による笑いである。その人物に中村の泰作や窪川の万六、広野の是一、白石の乙平などと、名前の前に地名を冠した愛称をもつ。他にもどくれ（ひねくれ）の半七とか米蔵などの話もある。彼らは行商や馬喰の駄賃持ち、作男など、村々を回る世間師に類される下層民という共通性がある。近世から近代にかけて、こうした人物を輩出する社会的構造や風土性が、笑いの背景にある。

おもな民話（昔話）

播磨糸長　土佐の山分の男が、高野山の参詣の折、女中連れの娘と出会い、国を尋ねると「十六、七の国、腐らぬ橋の、南無阿弥陀仏、夏の風」と教えられる。土佐に戻って考え、その意味が解けた。そこで若狭の国を訪ね、石橋のある大きな門構えの軒先に、数珠と団扇のある家を見つけて、男は下男に雇われる。三か月後、娘が風呂焚きの男を見て、病気になる。博士（医者）の見立ては恋煩い。そこで、番頭を匹頭に男の雇い人が食事を持参するが、娘は床から起き上がらない。最後に、土佐の男が行くとにっこり笑い、食事を取る。男は婿入りする。

土佐市の坂本寿氏の語る「播磨糸長」の昔話で、『猿の生肝―土佐の昔話―』に拠った。同じ編者の『土佐の昔話』の吾川郡池川町の岡本力弥氏の話では、大坂の男が「遍路廻り」に行き、難題は「国は十七の国、腐らず橋を越えて、昨日干いて今日焼く町、五百浪の打ち合わせ」とある。通り掛かりの座頭に尋ねると、「若狭の国の石橋の土器町千浪、扇屋」と解

Ⅲ　営みの文化編　　117

くなど変化がみられる。

　この昔話は、参詣や遍路が可能となった時代に、それも旅先で出会った当人同士が結ばれる「自由恋愛」の走りといえる。ただ、実際は親の決める縁談に従いながらも、自由な恋愛を渇望しつつ聞いたのであろう。

山の神と乙姫さま

竜宮の乙姫が、浜辺で木の実を拾い食べると、とてもおいしかった。竜宮の神に尋ねると、栃の実と教えられる。乙姫は川を遡り、栃の実のある神の森に行き、存分に食べた。そこに山の神が現われ、夫婦の契りを結ぶ。その後、乙姫はたくさんの子どもを産み、それを目なし籠に入れて洗い、それが八百万の神々になった。ところが、お腹にはまだ四百四人の子どもが残っており、乙姫はその子たちを岬の先から海に流しながら、人間の心に住むようにしなさいと言ったので、人の心に四百四の病の神が住みつくことになったという（『土佐とんと昔―高知県の伝説と昔話―』）。

　類話は『土佐昔話集』にあるのと、徳島県に一例（『東祖谷昔話集』）だけの稀少な昔話である。『土佐昔話集』では、おこぜの二郎が乙姫と山の神との結婚の仲介役を果たす。山鳥に姿を変えた山の神が、乙姫の胸に飛び込んで一緒になるが、「四百四病」に苦しめられることの由来は説かない。山の神や竜宮の神々、おこぜが登場するこの話には、四国の山間部に伝えられる「いざなぎ流」の独特な民間信仰の影響があるとされる。

　この話は御伽草子「おこぜ」と共通する。ただ、御伽草子ではおこぜの役に川獺が扮し、乙姫役がおこぜ姫となる。海と山との交流を語る古い物語のモチーフの「山の神と乙姫さま」が、高知県にあるのか興味深い。

泰作話

泰作が足摺岬の金剛福寺の涅槃会に行く途中、ある百姓家に立ち寄った。その家は嫁姑の仲が悪く、家にいた姑に、もう嫁に我慢がならないから毒の薬を買って欲しいと頼まれる。泰作は買う約束をするが、ただ飲ますのが大変だから、五日後に戻るまでの間に、嫁を可愛がって手なずけておくようにと言う。家を出ると、畑から下りてきた嫁に会う。嫁も姑には辛抱できないから、毒薬を買ってきてくれと頼む。泰作は姑と同様に、薬を飲んでもらうために五日間は親孝行してくれと頼んで別れる。涅槃会から戻る途中で、泰作は藁を燃やして、その灰を二つの紙に包む。それから、家を訪ねて姑に紙包みを渡そうとすると、こんな優しい嫁をどうして殺せようかと薬は受け取らず、代金だけを払う。次に畑

に行き嫁に紙包みを渡すが、嫁もこんないい姑を殺すことはできないと言って受け取らず、薬代を払う。泰作は一度だけはいいことをしたという。

　幡多郡大月町の新谷福美媼の話で『土佐昔話集』から引いた。薬を飲んでもらう条件としての「優しさ」が、双方に愛情を芽生えさせたという、人情の機微に触れた話である。これは「姑の毒殺」の昔話で、一般には仲介する人物が医者や和尚であるが、ここでは泰作であることが意味深い。泰作話は、頓智の利く泰作が商売相手をへこませるというのが基調であるが、本話は多少逸脱した感がないわけではない。ただ、それほど多くの人に愛好されて、話を伝承する人々の多様な生き方が、泰作像に反映されているのであろう。

おもな民話（伝説）

七人みさき

　室町末期に幡多郡宿毛の土佐一条家の兼定が、伊予大洲の宇都宮家からきた奥方を離縁し、代わりに豊後の大友宗麟の娘を迎える。そのため宇都宮家との間が不仲になる。そのことが宇和島の西園寺氏・宇都宮家と、豊後大友氏・土佐一条家とが対立し戦いとなる遠因にもなったという。その頃、宇都宮家の隠密7人が土佐に侵入し、宇須々木の一条家家臣の大脇越後之介の家の近くに来る。その7人が、大脇の飼っていた猟犬を殺害したことで争いとなる。腕の達者な大脇は、七人を斬り殺した。遺体を放置したままにしておくと、7人の霊が「七人みさき」となって、畑や海で働く人に取り憑いて患うことが重なった。そこで7人を合祀し、霊を慰めたという（『土佐の傳説』）。

　本話が載る『土佐の傳説』には続いて、高岡郡久礼で遍路の行き倒れた「久礼の七人みさき」の話が載る。他にも「大川の七人みさき」「馬路の七人みさき」や7人の死者の「七人塚」の話もある。「みさき」は、変死者や祀られない霊が、人に祟り憑依したりする邪霊とされる。「7」の数字との関連性を、民俗世界では4と7はともに忌数字であるからと説明される。アメリカからきた野球では試合の7回を「ラッキーセブン」といって幸運の数とするのと対照的である。

横波三里の海坊主

　今から70年前の秋祭りが近づいたある日、土佐市宇佐の魚屋・川村正五郎が相棒の文治と、須崎の市場に買出しに出かけた。買った魚を天秤棒で担いで横波三里の西端の

Ⅲ　営みの文化編　　119

船着き場まで運び、そこから宇佐行きの舟を借りることにした。日も暮れ風も出ていたので渋る船頭を、他の3人の魚屋と無理に頼み込んで出発した。しかし、風雨が強く海は荒れ、方角もわからなくなってしまった。その時、前方に怪火が見え、声をかけるとふっと消えた。そのあと葦の生える岸辺に近づくと、蛇の目傘に提灯を持ち、紺の筒袖に豆絞りの頬かむりした男の後姿が見えた。一同は、あっ海坊主だ、早く舟を岸から離せと言い、船頭は柄杓の底を抜いて海に投げこむ。舳先に白いものが二つ三つ見える。二人は助け給え金毘羅大明神と合掌し震えていた。やがて東の空が白み、舟は横波三里の中ほどの音無神社の辺りにいた。海坊主がいた所は、網掛けの松といって人々に怖れられている場所だった。午前六時過ぎに淀川の渡し場に着いたが川は増水しており、正五郎と文治はそこで舟を降りることにした。他の人々と舟は、そのあと濁流にのみ込まれてしまったという。二人は九死に一生を得ることになった（『土佐奇談実話集』）。この話は、現実の出来事ではあるが、「海坊主」が現れるなど、伝説の形に彩られている。現在の時空に、心層にあるところの伝承が混入してくる現象を、評論家の吉本隆明は共同幻想と解釈し、「恐怖の共同性」が幻覚を呼び起こすものと説明した（『共同幻想論』）。横波三里は浦の内湾の中にあるが、海坊主が出現したとされる「網掛けの松」の辺りは、まさしく恐怖の共同性を喚起する場所なのであろう。その深層心理が海坊主の幻影を見せたと解釈したい。

おもな民話（世間話）

不老長寿の妙薬

ある薬売りが日暮れ方に、お寺で宿を求めるが、そこは男子禁制の尼寺であり、三人の尼は断るが、行く所もない薬売りゆえに無理して泊めさせることにした。風呂に入ると、若い尼が親切に背中を流してくれる。上気した男の、前の大きな一物を見て、それは何かと尋ねる。男は「これは不老長寿の妙薬だ」と答える。尼は、「その妙薬をわたしたちにも分けて下さい」と言うので、男は夜になるとそれぞれの部屋を訪れて妙薬を授けて回る。

翌朝、今日も逗留してくれと頼まれるが、仕事があるのでと断わる。そのあと、夕べの妙薬の秘伝を尋ねると、第一の尼さんは、「わたしには鶯の谷渡りでした」と答える。「鳴こうか鳴くまいか思いよりました」と

言う。次の尼さんは、「わたしは金山堀りのようでした」と答える。「まっと奥へまっと奥へと思いよりました」と言う。三番目の尼さんは、「わたしは侍の喧嘩のようでした」と答える。「もう抜きやすまいかもうこそ抜きやすまいか、冷や冷やしました」と言う（『土佐艶笑譚』）。

　罪のない大人の色話である。この話の主人公は薬売りであるが、一般に行商人や旅職人、山伏、座頭など、世間を渡り歩く旅人、すなわち世間師は、民話の伝播者として注目されてきた。初対面の緊張を和らげるのに、話（世間話）は格好のコミュニケーションツールであったからである。高知県におどけ者や狡猾者の笑話が多いのは、世間師が各地を移動する環境があったからと考えられる。宮本常一が紹介した「土佐源氏」の語り手は、艶笑譚の現実版といえる。馬喰を商売に各地を遍歴しながらの女性遍歴の語りは、鬼気迫るものがある。高知の近代を生きた庶民の逞しさ、悲しさがともに込められている。

泰作話「間男の救済」

　山分のある家で、女房が間男を家に連れ込んでいるところに、夫が帰ってきた。慌てて男を戸棚に隠すが、そのあと処置ができず、困り果てる。女房は泰作に助けを求める。事情を察した泰作は、亭主に向かい、この間ある間男をしている家に立ち寄ったら、ちょうどそこに夫も帰ってきたので、間男は戸棚から逃げられず困っている。わしはそこで、女房に一斗桶を用意させ、それを亭主に被せて、桶を叩きながら、この意味がわかるかと尋ねると、わからんと言う。さらに激しく叩きながら、なぜわからんのかと、やり取りしている間に間男を逃がしたのだと、実演しながら言って聞かせる。今度も、同様に間男を逃がし解決したという（『土佐昔話集』）。

　『猿の生肝―土佐の昔話―』の「愚かな亭主」も同じ話。こちらはゴンという亭主に、女房がお高さん。機転を利かすのは「近所の六さん」で、桶が綿入れに代わるなど、現実風な仕立てになっている。この話が現実をもとにしたのか不明であるが、人間関係の愛憎も陽気な笑いにする泰作や風土のおおらかさは共感できる。

Ⅲ　営みの文化編　　121

妖怪伝承

犬神

地域の特徴

　高知県は四国の南部に位置し、太平洋に面した東西に長い海岸線をもつ。そのため海のイメージが強いが、県土の83％を山林が占める山国でもある。険しい山々が幾重にも重なり、四国の他県と隔絶した環境をつくる。

　古くは土佐と幡多の二つの国に分かれていたようで、今も言語や文化など両地域には文化的差異があるが、早い段階で土佐一国になり、ほぼ同じ領域が江戸時代の土佐藩、近現代の高知県と現代まで踏襲されていることもあり、県民の一体感は強い。

　一方、東西に広い県土には隣県や中央からもたらされたさまざまな文化が累積し、高知県の多様な民俗を生み出している。

伝承の特徴

　広大な山間部に山姥、山女郎、山父など妖怪伝承が豊富である。また、四国山地を源流域とする四万十川や仁淀川、吉野川などの大河が多く、蛇や猿猴など水の妖怪伝説も多い。海の妖怪は意外と少ないが、平野部では芝天や狸、ケチ火など風土に応じた多様な妖怪が伝えられている。

　高知県に妖怪伝承が残ったのは、国鉄が高知まで通ったのが1935（昭和10）年と遅く、都市化・工業化が遅れ、第一次産業に頼る農山村という、妖怪伝承にとっては好都合な環境が近年まで残っていたことが大きい。伐木作業の幻影である古杣、猟師が出会う山の怪物、夜道で聞こえる怪しい音など、いずれもかつての庶民の仕事や体験と結びついた妖怪談である。加えて民間宗教者の活動もあげられよう。香美市物部町のいざなぎ流は有名だが、西部にも弓祈禱を行う太夫がおり、近代医療の発達していなかった時代には病気や災厄を宗教者に祈ってもらう習慣があった。祟りの原因を求める過程で数多くの神霊や妖怪が創造されたのである。また、研究者らによる記録活動が継続的に行われてきたことも、高知県に豊富な妖怪伝

承が残る要因となった。寺石正路、桂井和雄、広江清らの研究をはじめ、土佐民話の会の市原麟一郎を中心とする民話運動、各地の郷土史家や市町村教育委員会による民話集の刊行などのおかげで豊富な妖怪伝承が残されることになった。「土佐お化け草紙」や「土佐化物絵本」など妖怪を描いた在地の資料の存在も特筆すべきである。

主な妖怪たち

犬神（いぬがみ）　犬神統あるいは犬神持ちとされる家の者が、別の家の者にねたみや憎しみを感じると、犬神が相手に取り憑き、精神錯乱を来したり、犬の鳴き声を叫んだり、犬神持ちの人と同じ声色になったり、さまざまな症状を引き起こす。その場合は修験や陰陽師など宗教者を呼んで、犬神を祓う祈禱を行う。江戸時代の土佐では博士とよばれる宗教者が弓を打って犬神を降ろし犬神を祓う儀礼が行われていたようだ。『伽婢子』には、土佐国畑（幡多）の狗神を持つ人が他人の財産や持ち物を欲しいと思ったら、狗神が持ち主に憑いて祟りをなすので、狗神持ちの者を探して、欲しい物を与えれば病が癒えるとある。犬神の正体は、小犬や地鼠などの小動物とされ、犬神持ちの家筋は婚姻忌避などの差別を受けた。高知県では蛇憑きを長縄、トンベイとよび、こちらも広く分布している。

猿猴（えんこう）　水中にいて人や馬を引き込む妖怪。他県の河童に相当する。失敗して今後は人命を狙わないと誓ったり、お返しに魚を届けたり、薬の製法を教えたという伝説が各地に残る。四万十町には現在もエンコウから授かった薬を販売する薬屋がある。江戸時代には河太郎の名前も記録されており、土佐は河太郎系の呼称だったようだが、現在は愛媛県に共通する猿猴の名称が主流になった。また、盆の16日に川や海に行くと、お釜の蓋が開いて猿猴に引き込まれるという所も多い。

ケチ火　招いたり馬鹿にしたりすると飛んでくるという怪火。高知市土佐山では草履の裏に唾をつけて招くと寄ってくるという（『土佐山民俗誌』）。高知市薊野（あぞうの）・一宮（いっく）の法経堂（ほうきょうどう）では手紙を盗まれて死んだ飛脚の霊とされた。他に、同市潮江の高見山・宇津野山（うしおえ）にはソウレン火が出た（『土佐風俗と伝説』）。

ゴギャナキ　江戸時代の『三安漫筆』には、ゴギャナキは、形は赤子のようで色は白く、赤子の泣く声で、夜、行く人の足

Ⅲ　営みの文化編　　123

にまといついて離れず、はいていた草履を脱ぎ捨てれば立ち去るとある。香美市物部町では、赤子を山に置いて荷物を運び降ろし、急いで戻ったがオギャーオギャーという声だけで姿が見えない。オギャーナキという山の怪物に連れて行かれたという伝説が伝えられている（『村のあれこれ』）。

七人ミサキ

山や川、海で突然寒気がして高熱を発することを、七人ミサキに行き会った、憑かれたという。真正面からぶつかると死ぬともいう。憑かれたときは家の門口で箕であおる。重いときは宗教者に祈禱してもらう。高知市春野町の木塚明神は、戦国時代に長宗我部元親に切腹を命ぜられた蓮池左京進親実の7人の家来だといい（『旅と伝説』16巻2、3号）、大川村の七人ミサキは、猪の落とし穴に落ちて亡くなった7人の平家の落人という（『土佐の伝説』）。

芝天 (しばてん)

夜道を歩いていると相撲を挑んでくる妖怪。相撲好きは他県では河童の属性だが、本県では独立した妖怪となっている。小坊主の姿で「おんちゃん相撲トロ」と呼びかけ、取り始めると次々と現れるとか何度投げ飛ばしてもかかってくるといってきりがない。夜が明けて気がつくと木の切り株だったという結末が多い。実際に幻相手に相撲を取っている人を見たという目撃談もある。芝天は春の社日に山を降り、川に入って猿猴になるといい、その時は山いっぱいに音がして、激しい風が吹くともいう。江戸時代の史料に芝天の名前はみえないが、明治時代になると記録が増える。戦後はラジオ番組「シバテンクイズ」から生まれたシバテン踊りが流行し、県民的キャラクターになった。

ジャン

高知市浦戸湾の孕（はらみ）でいう海上の怪音で「孕のジャン」とよばれた。夜半にジャーンと鳴り響いて海上を過ぎゆく。漁をしていてもこの音がすると魚が逃げてしまう。物の破談になるのをジャンになるというのもこれに由来するという。寺田寅彦は「怪異考」で、地鳴りが原因ではないかと考察している。

ダイバ

高知市土佐山でいう。夜道を行く牛馬に憑く怪で、砲音のように鳴って同時に肛門が抜かれるという。同じく牛馬に憑く物にムチという怪異もあり、こちらは牛馬の周りを鞭の音を鳴らして行く。そのときは牛馬に目隠しをしてやらねばならない（『土佐山民俗誌』）。

吊り上げモッコウ

モッコウは畚（もっこ）で運搬用の民具。芸西村馬ノ上では、かすが様の木の上にいて、暗くなると木

の上からモッコウを降ろして、通りがかった子どもを吊り上げ、頭から食べてしまうので、子どもは早く帰らねばならないという（『芸西ふるさと民話』第2集）。安芸市伊尾木では、黒瀬谷の入り口の山の神の所で神の木からツリモッコウが降りてきて、モッコウに乗せられてどこへ連れて行かれるかわからんぞ、と子どもを脅した（『安芸の民話』第1集）。

テギノガエシ
手杵の姿でひっくり返りながら移動する怪。テギノガヤシ、タテカヤシともいう。四万十市西土佐奥屋内では猟師が雪の降った朝にテギノガヤシといって手杵をひっくり返したような跡がついているといい（『十和村史』）、香美市香北町ではタテカヤシといって背が高く体の真ん中に目口があり、上部も下部も足になる一本足の怪で、移動するときは上下の足を交互に使い転倒して行くが危害は加えない（『香北町史』）。

ノガマ
仁淀川町名野川で、野山で何でもないのに転んで傷口を鎌で切ったような怪我をするのを、「ノガマが食う」という。野鎌の意味で、いの町神谷、本山町吉野などにも伝承がある（『土佐民俗記』）。

ノツゴ
県西部に多い。宿毛市楠山本村では、路傍で赤ん坊の泣き声がする怪で、草鞋のチボ（乳首）をちぎってやるか、草をちぎってチボの形にしてやると泣き止むという（『俗信の民俗』）。四万十町戸川では、山路などで「草履をくれ草履をくれ」と言ってついてくる物で、見たことはないが姿は子どもみたいなものだという（『十和村史』）。

ヒダルガミ
馬路村では、山道で急に空腹に襲われて冷や汗の出るようなとき、ヒダルガミが食いついたといい、その場合は手のひらに米の字を書いてなめるとよいという。同様の怪を四万十市常六ではダリといい、これに憑かれたら身につけている手ぬぐいや草履を後へ投げるとよいという（『俗信の民俗』）。

ヒルマン坊主
高知市宇津野山に出た小坊主の怪。「おんちゃん相撲とろ」と言うので、相手をするとタラの木に組み付いていたり、馬の糞を饅頭とだまして食べさせられた（『土佐民俗』32号）。

古杣（ふるそま）
夜の山中で木を伐採する音や声がするが、翌朝行くと何もないという怪。県下全域で聞かれるが、正体には諸説あり、いの町津賀ノ谷では山で死んだ杣の霊、四万十町大正では山に捨てられたり忘れられた墨差しに性根が入ったものという（『俗信の民俗』）。

Ⅲ　営みの文化編　125

棒振り 　山道で棒を振るような音をして通るという目に見えない怪異。越知町野老山（ところやま）では夜の山道でビコービコーと鳴ってくるとされ、いの町神谷ではボーフリあるいはブリブリともいい、手杵を振るような音をたてて来るという（『土佐民俗記』）。

鞭（むち）　佐川町黒岩で、田の上を鞭を振り回すように非常に強い勢いで風が吹いていくもので、これに当たると悪い病気になるといわれている（『土佐民俗記』）。日高村日下（くさか）や高知市鏡ではブチといい、不意にピューッと鳴って来て、皮膚を刃物で切ったようにけがをするものだという（『土佐の伝説』第2巻）。

夜行（やぎょう）　越知町野老山で、錫杖を鳴らして夜の山道を行く妖怪。ジャンコジャンコ鳴って来るといい（『土佐民俗記』）、仁淀川町椿山（つばやま）では山の主猷（おもうね）を川の流れが突き抜けるような所に出る怪で、大きな柴を負うて行くような音がするという（『生と死と雨だれ落ち』）。同様に錫杖のような音を鳴らし山を行く怪を檮原町（ゆすはら）ではトオリモノとよび、行き会うたらくない、悪い病気をするといった（『土佐の世間話』）。

八面王（やつらおう）　香美市物部町でいう、頭が八つある蛇のような怪物。猟師が撃ち止めたヤツラオーを葬ったとされる長い墓が山中にあるという。ヤツラオーの墓については、木地師が所持していたやまたのおろちの巻物を納めて祭ったものとの説もある（『村のあれこれ』）。

山犬 　産火（さんび）を食べて大山を越すと、山犬や狼につけられるという。檮原町の話では、妻が産気づいたとの知らせを受け取った男が峠を越していくと、カサカサと音がついてくるが姿は見えない。山犬だと思って「守ってくれ」と頼むと、音はずっとついてくる。途中、袖を引っ張られて飛び降りると、大きな音がして真紅の炎が飛んでいった。これはチマタの風というもので、出産や死に際して肉親の者が出会うものという。これにふれるとその部分が赤くなってしまうといった（『土佐民俗記』）。

山爺（やましい）　江戸時代のいの町寺川の記録「寺川郷談」には、「山鬼（サンキ）という者は、年は70歳の老人のようで人間に似ているが、目が一つ、足が一本で蓑のようなものを着ていて、本川の人は山ぢいとよぶ、俗にいう山ちちのことだ」と記されている。雪の日に6、7尺（約2mごと）に一つずつ杵でついたような丸い足跡が付いているとある。香美市物部町別府（べふ）ではある家に毎年暮れの28日に爺さんがやってきて餅を食べさせる。爺さ

んが持ってきた高キビを蒔くと大豊作になる。ある年、うとましくなって
焼いた石を餅と偽って喰わせ、お茶のかわりにとぼし油を飲ませると、帰
る途中で体が焼け始めた。ウスノクボという所に臼のような大きな骨が残
るという伝説がある（『村のあれこれ』）。

山女郎（やましょうろう）

香美市物部町では、出産のあった家で煮炊きした物を口にす
ると穢れるとされ（「赤火」「産火（けが）」という）、その状態で山に
行くと山女郎に会うといった。見上げるほど背の高い女が、シュロの毛よ
り荒い黒髪を振り乱しゲラゲラ笑っている。これに会った者は帰って熱を
出し、死ぬ者もあった（『村のあれこれ』）。

山姥（やまんば）

高知市土佐山桑尾の稗畑が毎年豊作続きだった。不審に思って
火をつけたら老婆姿の者が半焼けになって飛び出し、近くの山姥
ヶ滝の上へ飛び去った。それから持ち主の家は衰退した。土佐山には他に
も同様の話が多く、異常な豊作や幸運に恵まれることを「山姥が憑いた」
という（『土佐山民俗誌』）。南国市白木谷の山姥神社も福の神として信仰
を集めている。本山町では明日蕎麦の焼き畑にするため火を入れようとい
う晩、子育て中なので焼くのを待ってくれと山姥が嘆願に来たが、聞かず
に火をつけ山姥の子どもを焼き殺した。その祟りで村は火事で全焼したと
いう伝説がある（『土佐本山町の民俗』）。

夜雀（よすずめ）

夜道で雀の鳴き声がついてくる怪。香美市香北町ではチッチ、
檮原町ではタモトスズメともいう。四万十町では人の歩く道を後
先につきまとい妙にさびしく気持ち悪いものという。提灯に憑くもので、
火を消して逃れたという話と、逆に火を消されたという伝承もある（『十
和村史』）。「チッチチッと鳴く鳥を、はよ吹き給え伊勢の神風」などと唱
えればよい（『俗信の民俗』）などさまざまな対策法も伝えられている。

笑い女

宿毛市橋上や高知市土佐山で、夜の深山で姿を見せずゲラゲ
ラと笑い声のする怪異。須崎市では麦の熟れる頃出るといった
（『土佐民俗記』）。江戸時代の土佐では山北の笑い男が、勝賀瀬の赤頭、本
山の白姥と並ぶ３大怪談として有名だった。月の１、９、17日に北山に入
れば笑い男に会うという。樋口関太夫は禁忌を破って９日に山に入ると、
15、16歳の小童が現れ笑い出した。次第に笑い声が大きくなり、山も石
も草木もみな笑うようにみえた。風の音や水の音までも大笑に響いたので、
関太夫は逃げ帰った（『近世土佐妖怪資料』）。

Ⅲ　営みの文化編　　**127**

高校野球

高知県高校野球史

　高知一中(現在の高知追手前高校)に県下初の野球部が誕生したのが1902年とされ，17年には高知三中(現在の安芸高校)，18年には高知工業と高知商業も創部したが，戦前は1度も全国大会には出場できなかった．

　戦後第1回大会に城東中学(高知一中から改称)が高知県勢として初めて出場，翌47年選抜ではベスト4まで進出している．50年春には高知商業が準優勝．53年夏には土佐高校が決勝戦まで進出し，9回2死までリードしていながら追いつかれて延長戦の末に敗れ，「優勝旗なき優勝校」として称えられた．

　以後，高知商業，土佐高校，高知高校の3校は「3強」と呼ばれ，高知県の高校野球界をリードした．48年から76年までの29年間に3強以外の学校は，64年選抜に土佐高校と同時出場した安芸高校1校のみ．

　57年選抜では高知商業が2度目の準優勝を果たし，64年夏には高知高校が県勢初優勝．66年選抜では土佐高校が準優勝，翌67年選抜では高知高校が準優勝と甲子園で着実な勝ち星を重ね，75年選抜では高知高校が2度目の優勝を達成した．77年選抜には県立中村高校が初出場し部員わずか12人で準優勝，"二十四の瞳"として話題になった．

　翌78年夏は高知商業が決勝でPL学園高と対戦，9回2死までリードしていながら逆転サヨナラ負けで3度目の準優勝．80年選抜では悲願の初優勝を達成した．

　85年選抜では渡辺智男を擁する県立伊野商業が初出場．準決勝ではPL学園高校の清原を3三振に打ち取るという完璧なピッチングを見せて初出場初優勝を達成するなど，高知県の高校野球は全国の頂点に立った．

　その後，土佐高校の力が落ち，代わって明徳義塾高が台頭して「新3強」時代に突入した．以後明徳義塾高校は全国的な強豪校となって，県内では1強体制を築き，2002年夏には全国制覇した．

主な高校

伊野商 （いの町，県立）
春1回・夏1回出場
通算5勝1敗，優勝1回

1963年高知県初の県立商業高校として創立し，同時に創部．85年選抜にエースで4番の渡辺智男を擁して初出場．準決勝のPL学園高校戦では渡辺が清原和博を無安打3三振と完璧に抑えるなど，投打にわたる活躍で初優勝を達成した．87年夏にも出場している．

高知高 （高知市，私立）
春18回・夏13回出場
通算34勝29敗，優勝2回，準優勝1回

1899年江陽学舎として創立．1919年城東商業学校と改称し，48年の学制改革で城東高となる．56年高知高校と改称．

16年創部．城東高校時代の55年選抜に初出場．64年夏には初戦でエースで4番の有藤通世が死球で出場できなくなるというアクシデントにもかかわらず，高知県勢として初めて優勝した．67年春に準優勝し，75年春には優勝している．近年では2013年春にベスト4まで進んだ．

高知追手前高 （高知市，県立）
春1回・夏1回出場
通算4勝2敗

1874年に創立された高知県師範学校附属変則中学校が前身．78年高知中学校として創立．86年高知県尋常中学校，99年高知県第一中学校，1922年県立城東中学校と改称．48年の学制改革で県立高知新制高校となり，翌49年に高知追手前高校と改称した．

1889年にはすでに野球が行われ，1902年に県内初の野球部として正式に創部した．戦後，城東中時代の46年夏に前田祐吉投手を擁して高知県勢として初めて甲子園に出場．翌47年選抜ではベスト4に進んでいる．

高知商 （高知市，市立）
春14回・夏23回出場
通算61勝36敗，優勝1回，準優勝3回

1898年高知市簡易商業学校として創立し，翌99年に高知商業学校となる．1948年の学制改革で高知商業高校となった．

18年創部．48年選抜に初出場，50年春には準優勝して全国的な強豪校となった．57年選抜では王貞治投手がエースの早実と投げ合って敗れ，2度目の準優勝．78年夏の決勝ではPL学園高校に9回裏2死から逆転され

Ⅲ　営みの文化編　**129**

て準優勝となり，80年選抜で初優勝した．近年では2018年夏に出場．

土佐高 （高知市，私立）
春8回・夏4回出場
通算15勝12敗，準優勝2回

　1920年土佐中学校として創立．48年の学制改革で土佐高校となる．

　47年創部．52年選抜で初出場，翌53年夏には決勝に進出して延長13回の末に敗れて準優勝，試合後の挨拶では「優勝旗のない優勝校」と称えられた．63年全力疾走で有名な籠尾良雄監督が就任，66年選抜で準優勝した．2013年春に21世紀枠代表に選ばれて，20年振りに甲子園に出場．16年春にも出場している．

中村高 （四万十市，県立）
春2回・夏0回出場
通算4勝2敗，準優勝1回

　1900年高知県第二中学校分校として創立．03年独立して県立第四中学校となり，12年県立第三中学校，22年県立中村中学校と改称．48年の学制改革で県立中村高校となり，49年中村女子高校を統合．

　28年創部．77年選抜に部員わずか12人で初出場を果たすと準優勝，"24の瞳"といわれて人気を得た．2017年選抜では21世紀枠代表に選ばれ，40年振りに甲子園に出場した．

室戸高 （室戸市，県立）
春1回，夏0回出場
通算2勝1敗

　1946年県立室戸中学校・同高等女学校として創立し，48年の学制改革で県立室戸高校となる．

　49年に創部．2007年選抜で甲子園に初出場，初戦で優勝候補だった報徳学園高校を降すと，2回戦では宇部商業を破ってベスト8まで進んだ．

明徳義塾高 （須崎市，私立）
春20回・夏20回出場
通算59勝38敗，優勝1回

　1973年全寮制の明徳中学校を開校し，3年後の76年に明徳高校として創立．84年明徳義塾高校に改称．

　創立と同時に創部し，82年選抜に初出場．翌83年選抜でベスト4に進み，以後は全国的な強豪校として活躍．その後，全国から野球留学生が集まる学校として知られるようになり，2002年夏には全国制覇を達成した．近年では16年夏にベスト4まで進んでいる．1996年から2020年までの25年間の夏の県大会で決勝に進出できなかったのは2008年の1回しかない．

㉛高知県大会結果（平成以降）

	優勝校	スコア	準優勝校	ベスト４		甲子園成績
1989年	土佐高	3－1	高知南高	中村高	宿毛高	初戦敗退
1990年	高知商	8－4	明徳義塾高	室戸高	宿毛高	2回戦
1991年	明徳義塾高	2－0	追手前高	高知商	高知工	2回戦
1992年	明徳義塾高	6－1	伊野商	高知南高	高知西高	3回戦
1993年	高知商	5－3	土佐高	高知高	明徳義塾高	3回戦
1994年	宿毛高	5－3	安芸高	高知高	明徳義塾高	初戦敗退
1995年	高知商	11－2	高知高	高知工	追手前高	2回戦
1996年	明徳義塾高	7－5	土佐高	高知商	高知高	2回戦
1997年	高知商	1－0	明徳義塾高	高知高	伊野商	2回戦
1998年	明徳義塾高	2－1	高知高	中村高	高知商	ベスト4
1999年	明徳義塾高	8－5	高知高	高知追手前高	高知東高	2回戦
2000年	明徳義塾高	4－2	土佐高	宿毛高	高知商	2回戦
2001年	明徳義塾高	9－1	高知高	高知商	室戸高	2回戦
2002年	明徳義塾高	7－4	高知高	室戸高	高知商	優勝
2003年	明徳義塾高	5－3	高知高	岡豊高	高知商	2回戦
2004年	明徳義塾高	4－2	高知商	高知高	高知追手前高	3回戦
2005年	（明徳義塾高）	3－2	高知高	高知東高	岡豊高	初戦敗退
2006年	高知商	11－6	明徳義塾高	高知小津高	室戸高	2回戦
2007年	高知高	7－1	明徳義塾高	高知商	室戸高	初戦敗退
2008年	高知高	10－2	高知商	高知中央高	明徳義塾高	初戦敗退
2009年	高知高	3－2	明徳義塾高	高知追手前高	高知西高	2回戦
2010年	明徳義塾高	5－0	高知商	岡豊高	高知高	2回戦
2011年	明徳義塾高	2－1	高知高	土佐高	高知商	2回戦
2012年	明徳義塾高	2－1	高知高	高知商	伊野商	ベスト4
2013年	明徳義塾高	2－1	高知高	高知中央高	中村高	ベスト8
2014年	明徳義塾高	6－5	高知高	高知商	高知中央高	2回戦
2015年	明徳義塾高	7－6	高知高	高知西高	土佐高	初戦敗退
2016年	明徳義塾高	4－2	中村高	高知商	高知中央高	ベスト4
2017年	明徳義塾高	7－3	梼原高	岡豊高	中村高	2回戦
2018年	高知商	10－2	明徳義塾高	高知高	土佐高	3回戦
2019年	明徳義塾高	4－1	高知高	岡豊高	高知商	2回戦
2020年	高知高	3－2	明徳義塾高	岡豊高	高知商	（中止）

注）2005年の明徳義塾高は優勝取り消しとなり、準優勝の高知高が甲子園に出場

尾戸焼（茶碗）

地域の歴史的な背景

　四国は、縄文時代の遺跡・遺物においての質と量は共に東日本には及ばない。だが、稲作を伴った弥生時代の遺跡は四国でも数々発見されている。また、これに続く須恵器窯跡は四国各地の古寺院址を中心に多数散在する。特に、讃岐国は、須恵器の調達国として知られる。その中には、鑑賞的にも見事な灰釉の流れたものがあり、当然これに続く施釉陶器への発展を予測させるのだが、なぜか7世紀前後に廃絶し、以後近世に至るまで空白の時代が続いた。

　土佐の長曾我部氏の「天正地検帳」によると、土器・土師器の名が土佐一宮周辺にみられる他、漆器生産が集中してみられる。そこから、土器類は主に祭祀用に、食器類は漆器主流になっていた、と推察できる。

　また、南国市の田村遺跡の出土品をみると、地元のやきものの空白時代に相当する平安末・鎌倉・室町時代にかけては、まず瀬戸製の皿類、天目茶碗類、それに中国製の青磁碗類などが出てくる。さらに、常滑焼の大甕に続いて備前焼の大甕や擂鉢類がこれに替わる。他にも、明（中国）の染付や京焼と思われる白色土器の類もみられる。したがって、この時代は、先進地のやきものや中国陶磁の導入、実用が主流だったのであろう。

　高知を含めて四国のやきものの再生は、江戸時代初期、慶安2（1649）年の理平（理兵衛）焼（讃岐）に始まり、尾戸焼（土佐）・東野焼（伊予）がこれに続いている。

主なやきもの

尾戸焼
おど

　高知市小津町で焼かれた陶器で、小津焼ともいう。

　承応2（1653）年に、土佐藩2代藩主山口忠義に招かれた大阪の陶工久野正伯が開窯し、藩窯として発展した。後に、森田久右衛門と山崎平内が弟子入りし、それぞれ森田窯、山崎窯を開いた。陶土は、能茶山（高知市鴨部）の白土を用い、ロクロ（轆轤）で薄く挽き上げた京焼風の雅味あふれる陶器を製作している。他にも、御本茶碗や唐津風陶器、色絵陶器などの優れた茶陶がみられる。

　文政3（1820）年、藩は能茶山に新たな窯を開き、尾戸の陶工たちも移住することになった。だが、そこに磁器窯が開かれると、藩は磁器製造の方に力を入れるようになった。そのため、尾戸焼は廃れ、山崎窯は8代春喜が没して絶えた。森田窯は、9代潤光虎の失明により大正3（1914）年に一時途絶えたが、大正8（1919）年に復興し、現在に至る。

能茶山焼
のうさやま

　高知市鴨部の能茶山で焼かれた陶磁器。土佐では、従来から藩窯の尾戸焼は陶器のみで、磁器は他から入れていた。土佐藩はこれを改めるため、尾戸の窯を陶土の産地でもある能茶山に移すことを決め、文政3（1820）年に肥前大村の樋口富蔵や讃岐の市郎右衛門を雇い入れて磁器窯を1基開いた。江戸後期の土佐藩は、新興事業としてそこでの磁器生産に力を入れたが、能茶山には日常雑器の陶器類を焼く窯も併存した。藩窯は、明治3（1870）年に閉窯したが、民窯となってからは興廃をくりかえしながらも現在に至っている。

　明治以降の能茶山焼は、日常雑器を中心に製作したが、特徴的なものとしては、飛鉋の行平、青緑色釉の青土瓶などがあげられる。

　なお、能茶山丘陵には藩窯跡が残存しており、そこからの出土品には青磁・瑠璃釉・錦手赤絵などがあるが、最も多いのが染付の類で、大中

III　営みの文化編　133

小の皿や砧徳利、水指・花入・鉢・蕎麦猪口などが見られる。

内原野焼

　安芸市の北部、内原野で焼かれた陶器。文政12（1829）年に、土佐藩家老の五藤家の保護の下、京都から陶工の福留芳右衛門・吉村専次を招いて開窯した。一時は6基の窯があった、というが、現存はしない。ただ、専次の窯とされる場所の周辺から茶碗や皿、土瓶、燈明具などの日常雑器が採集されている。銅線釉が認められる土瓶や鉄釉が施された糸底の燈明皿、内面が蛇の目釉剥ぎの茶碗などは、奈半利焼（奈半利町）や田野焼（田野町）、安田焼（安田町）と似ていて、技術的なつながりが認められる。

　明治以降も尾戸焼や能茶山焼と同様に、日常雑器を焼き続けた。伝統的な技法を守りつつ新たな技術も導入し、安芸市特産のやきものとして今日まで存続している。

奈半利焼・田野焼・安田焼

　奈半利焼は、安芸郡奈半利町で焼かれた陶器である。安政5（1858）年に、奈半利浦辰吉により開窯。製品は、皿や土瓶、行平堝、徳利、燈明皿など日常雑器に限られていたようである。飴釉や銅緑釉が使われており、土瓶や行平堝には飛鉋がみられる。いつ廃窯したかは定かでないが、操業は短期間で明治維新の頃と推測される。

　田野焼は、安芸郡田野町で焼かれた陶器である。文政5（1822）年、みどりや松丞なる者が京都の陶工河井幸次郎たち4人の陶工を雇い入れて開窯、と伝わる。京焼風の手ロクロの茶陶が中心で、優れた作品が多い。明治初めに廃窯した。

　安田焼は、安芸郡安田町で焼かれた陶器である。宝暦10（1760）年頃に、田野の風炉師で尾戸焼4代の森田久右衛門に弟子入りした者によって始められたというが、その名は不詳である。また、製品の実態についてもよくわかっていない。

Topics ● 土佐の鬼瓦

　土佐には、強固で雨に強い「安芸瓦」の伝統がある。

　安芸瓦は、延宝2(1674)年、伊予国菊間（現・愛媛県今治市菊間町）の瓦士・半兵衛が四国巡礼の途中で安芸（現・安芸市）に良質の粘土を見つけたことに始まる、という。元禄13(1700)年、土佐藩が半兵衛を招き、御用瓦をつくらせた。翌年には、土佐藩庁に瓦製造の創始を願い出て許可され、菊間出身の瓦工・茂兵衛と子どもの五郎兵衛を雇い入れ、瓦づくりを本格化させたのである。その後、彼らは藩の御用瓦士となり、鬼瓦を独占的に製造していった。

　鬼瓦は、屋根の棟の端につける雨じまいと装飾といった二つの機能をもつ瓦。そこに、鬼をして悪霊を払うという祈願が秘められている。寺院をはじめとする大規模な建築に用いられる。鬼瓦づくりは、まず、粘土を板状に伸ばした上に粘土を盛り、平面図を基に鬼の顔や家紋、水模様などを一つひとつ手作業で成形する。何度も箆を当てて表面を美しく磨き上げ、乾燥させて焼き上げる。表面を炭化させる特殊な焼成方法によって、いぶし銀の輝きが生まれるのである。そこに熟練の技術を要することは、言うまでもない。

　高知では、現在もその伝統の技が引き継がれている。

Ⅲ　営みの文化編

IV

風景の文化編

地名由来

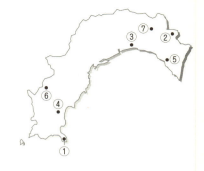

近代日本をつくった土佐

　高知空港の愛称として「高知龍馬空港」が使われ始めたのは平成15年（2003）のことである。それまで人名が空港名に使われたことはなく、やはり土佐なのだと皆納得した。現在まで個人名を付した空港は国内には「高知龍馬空港」しかなく、似たものとしては鳥取県の「米子鬼太郎空港」があるに過ぎない。

　それほどまでに、坂本龍馬の存在は高知県に大きな影響を今なおもたらしているということである。坂本龍馬のほか、中岡慎太郎、吉田東洋、後藤象二郎、武知瑞山（半平太）、板垣退助など土佐藩士だけでも明治維新に貢献した人々は枚挙にいとまがない。加えて、岩崎弥太郎などの実業家も輩出している。

　この土佐藩士を語るには、いっとき四国を平定した長宗我部氏について触れなくてはならない。「長宗我部」は一般に「ちょうそかべ」と読まれているが、末裔の長宗我部友親氏に確認したところ、正式には「ちょうそがべ」だという。長宗我部元親（もとちか）が土佐国岡豊（おこう）に拠って四国を平定したのは天正13年（1585）のことだが、同年秀吉に敗れ、土佐一国に領地を限定された。その子盛親は関ヶ原で西軍について敗北し、その後は家康の命によって山内一豊が土佐一国を領することになった。

　長宗我部氏は山内一豊に滅ぼされる形になり、友親氏によれば、それ以降二百数十年にわたって「長宗我部」という姓を名乗ることは許されなかったという。

　幕末に活躍した藩士たちは、そのほとんどが長宗我部氏につらなるいわゆる「下士」で、山内氏の流れによる「上士」に徹底的に虐げられてきたことは周知のことである。幕末維新の下級武士の活躍はその裏返しであったとも言える。

　明治2年（1869）の版籍奉還によって、「土佐藩」は「高知藩」に改称

された。現高知県は専ら高知藩の支配下にあったので、そのまま「高知藩」の名を踏襲して「高知県」となった。

「高知」は「知が高い」という意味ではなく、山内一豊が大高坂山に築城したことによる。当初「河中山」と名づけたが、水害に苦しめられるとのことで、「河中」の文字を嫌い、「高智山」となり、さらに「高知」となったとされる。

今の高知城のロケーションを見ればそのことがわかる。高知城は、南を流れる鏡川と北から流れる久万川の間に建っており、そこが「河中山」だったのである。そこが「高智山」となり、「高知」となったということである。

とっておきの地名

①足摺岬
あしずりみさき

太平洋に突き出る足摺半島の先頭の岬で、ほぼ四国最南端と言われている。80メートルにも及ぶ断崖の上に足摺岬灯台が立つ。古来、この地は補陀落渡海の場所として知られ、「足摺」という地名もそれにちなんで説かれることが多い。

補陀落渡海とは中世に行われた捨身の行のことで、木造の小型船に行者とわずかな水と食料を乗せ、観音様のいると言われる補陀落山へ死出の旅に赴くという儀式である。有名なのは熊野の補陀落山寺だが、土佐の足摺岬や室戸岬などでも行われた。岬の後ろにある足摺山（168メートル）は、古来修験の霊山として信仰を集めたとされる。

「問はず語り」に、小法師が補陀落渡海したため、師の法師が悲しみ、この岬で足摺をしたという伝承があるが、これは長保3年（1001）の賀登上人の弟子栄西が補陀落渡海した話を承けたものとされる（『角川日本地名大辞典 高知県』）。

②馬路村
うまじむら

高知県東部の標高1,000メートル級の山々に囲まれた、人口わずか900名余りの村である。ところが、この馬路村、高知県のみならず全国的にみても存在感があり、多くの人に知られている。戦後間もなく始められた柚子の栽培も、青果としての販売は低迷していたが、昭和63年（1988）に開発した「ごっくん馬路村」がヒットし、今や高知県を代表する産物の1つにまで成長している。

幾度となく迫られた市町村合併にも応じず、この「馬路村」を継続して

Ⅳ　風景の文化編　**139**

いることに敬意を表したい。「日本で最も美しい村連合」の1つ。この連合組織は、平成17年（2005）に北海道上川郡美瑛町長の呼びかけで発足し、馬路村は平成20年（2008）に加入している。安易な平成の大合併によって全国の多くの村々が消えていったことを考えると、「ごっくん馬路村」によって全国に知名度を広げたこの村に心から声援を送りたい。

「馬路村」の由来は、特別な文献等はないものの、京都府亀岡市にも「馬路」があることを考えると、馬でしか行けない村といった意味であろうと推測される。

③後免（ごめん）

ひと昔前までは「ごめん」という変わった駅（地）名ということで話題になったが、近年はかなり認知度が高くなって、その由来も知られるようになっている。

南国市の中央部に位置するこの地は、かつては未墾の荒野が広がっていたのだが、高知城に居城した二代目藩主山内忠義が、野中兼山（1615～63）を奉行職に据え、灌漑水運の便を図り、水田を開いた。兼山はこの土地に入植する者には、五畝の土地を与え、諸役・諸税を免除したので、ここに諸税後免の町「後免町」が誕生した。

後免町は、舟入川に沿った水上交通の要所でもあった。舟入川は、野中兼山が物部川に築いた山田堰から流れてくる用水路である。この舟入川を通して、物部川奥地の米や木炭、木材、紙などを城下に運び、また、城下からは日用品を奥地へと送った。

④四万十川（しまんとがわ）

高岡郡津野町の不入山（いらずやま）を源流とする高知県の西部を流れる川で、「日本最後の清流」とも呼ばれる。不思議な川で、いったん四万十町の平地に流れながら、太平洋には行かず、再び四国山地の山間に流れ、中村平野を経て太平洋に注いでいる。

河川法上では正確には「渡川（わたりがわ）」とされていたが、平成6年（1994）に「四万十川」と改称された。その由来に関しては、「支流が4万あった」という類の話を多く聞くが、それは「四万」という数字にちなんで流される単なるお話として聞いておくほうがよい。いちばん有力な説は、四万十川の支流の「四万川（しま）」と「十川（と）」が合流することに由来するという説である。たぶん、これが正しいと思えるが、問題は「四万」という地名である。「四万」

は「シマ」の当て字であり、数字とは無縁である。群馬県に「四万温泉」があるが、ここも数字とは無縁。「シマ」は通常は「島」だが、「志摩」とも「四万」とも表記する。

「四万川」の「四万」はたぶん「島」のことで、川の島を意味したのであろう。「十川」の「十」は「渡」のことで、こちらも川特有の地名である。この「十川」が「渡川」となったという説もある。

⑤奈半利（なはり）

明治22年（1889）の町村制施行により、「奈半利村」が成立し、大正5年（1916）に「奈半利町」となり、現在に至る。『和名抄』に「奈半郷」とあり、『土佐日記』にも「なはのとまり」と記されている。「とまり」だから古来港として栄えていたことになる。「奈半」が「奈半利」に転訛したのは、「なはのとまり」が簡略化されたものとみてよいだろう。「とまり」は「泊」だけでなく「泊里」と書くこともあるからだ。

問題は「奈半」の意味だが、多くの人々は「未詳」としているが、私は間違いなく「ナハ」で、漁場（ぎょば）のことであるとみている。土佐湾に向かって豊かな漁場が広がっており、「沖縄」の「縄」と同じである。こちらも漁場を意味している。

⑥半家（はげ）

四万十川中流域にある集落の名前で、「半家」というJR予土線の駅もある。ここには面白い平家の落人伝説がある。その昔、平家が滅亡した後、落人が当地に逃げ延びてきてこの地に住むようになったが、平家の落人であることを隠すために、「平家」の「平」の横一本を下げて「半家」にしたというのだ。つまり、「平」→「半」ということである。

これは話としては面白いが、これはもともと「ハケ」「ハゲ」と呼ばれる「崖」地名に、いずれかの時代に「半家」という漢字を当てはめたに過ぎない。現地を見ればわかることだが、半家の集落はとても落人が住むには似つかわしくない四万十川からよく見える崖地にはりついたようなところにある。四万十川の近くには土砂崩れに警告を発する看板がいくつも立てられている。

しかし、「ハゲ」という崖地に、平家の落人伝説をからめて「半家」という漢字を当てはめた古人の知恵には拍手を送りたい。

Ⅳ　風景の文化編　　141

⑦ **物部**（もの べ そん）　「物部村」はかつて香美郡に属していた村で、日本一の柚子の生産地として知られた。古代の一大豪族として知られる物部氏の一族が住みついたところから「物部」という地名になったと言われる。

　村の成立は新しく、昭和31年（1956）に香美郡「槙山村」と「上韮生村」が合併して「物部村」となった。平成18年（2006）には「土佐山田町」「香北町」と合併して「香美市」となり、自治体としては消滅。南国市にも「物部」という町名があるが、こちらが『和名抄』の「物部郷」に当たり、この一帯が物部地名の発祥地とされる。

　旧・物部村には、「いざなぎ流」という民間信仰が残っている、陰陽道・修験道・仏教・神道などが混淆して成立したと言われ、仏像ではなく和紙を切って御幣を作って祀っている。「いざなぎ流」という言葉そのものにミステリアスな歴史と伝統を感じる。

難読地名の由来

a.「万々」（高知市）**b.**「久重」（安芸郡芸西村）**c.**「安満地」（幡多郡大月町）**d.**「鵜来巣」（高知市）**e.**「宿毛」（宿毛市）**f.**「壱斗俵」（高岡郡四万十町）**g.**「頭集」（幡多郡大月町）**h.**「五百蔵」（香美市）**i.**「神母ノ木」（香美市）**j.**「桑田山」（須崎市）

【正解】
a.「まま」（ママは「崖」の意味で、万々のほかに真間などを当てる）**b.**「くえ」（クエは崩壊地名の代表格であり、危険地域と考えられる）**c.**「あまじ」（古くは「天地浦」とも書かれ、明治以降「安満地」に変わった。海士の住む地ということで「海士地」であったという）**d.**「うぐるす」（鵜の巣があったことによるか）**e.**「すくも」（古語で葦の枯れたものを「すくも」と言ったことに由来する）**f.**「いっとひょう」（沈下橋で有名だが、米が一斗穫れたという意味か）**g.**「かしらつどい」（何らかの理由で、頭が集ったか）**h.**「いおろい」（平家を祖とする五百蔵氏に由来する）**i.**「いげのき」（神母神社に大きな楠木があることによる）**j.**「そうだやま」（弘法大師が山に登った時、花に染まった山を見て「染んだ山」と呼んだことから「そうだ山」になり、「桑田山」になったというが、詳細は不明）

商店街

帯屋町商店街（高知市）

高知県の商店街の概観

　高知県では高知平野を中心とした地域に人口が集中しており、都市機能の高知市への一極集中が顕著である。2014年の「商業統計調査」によれば、高知県に占める高知市の割合は小売商店数で40％弱、年間販売額で50％以上に達している。それに次ぐのは、商店数では四万十市、年間販売額では南国市であるが、高知市との格差は大きい。一方で、地形的制約の大きい県内では、各地に小規模な商業中心地が形成されてきたが、人口減少、高齢化により衰退化が目立っている。また、隣接県との商圏の競合は小さい。

　主な商業集積地は高知市とその周辺に集中しているが、周辺域のそれは主要道路沿いの郊外型のもので商店街と呼べるものはほとんどない。高知市の中心商店街は異なった特徴のある複数の商店街で構成されており、人口規模以上の規模を誇ってきた。高知県は観光立県を目指しており、中心商店街にとっても観光の拡大をいかにして商店街の活性化につなげるかが課題になっている。中心商店街以外では、1960年代までに市街地化された旧市街の愛宕、旭町、升形、菜園場などに早くから近隣型商店街があり、1970年代以降に住宅地化したところでは、北部の「万々商店街」に活気がある。1980年頃から郊外のバイパス沿いに各種商業施設が新規立地し、郊外化が進んだ。2000年に市北部に大都市資本のショッピングセンターが進出したことは、中心商店街をはじめ旧来の商店街に打撃を与えた。

　高知市の買回り商圏は高知県全域に及んでいるとも言えるが、県西部では四万十市中村が独立的な商圏を持ち、複数の商店街からなる面的な商業地区を形作っている。中村に次ぐ商店街は港町須崎市の商業地区で、鍋焼きラーメンによるまちおこしに取り組んでいる。それ以外では、江戸期の土居町や主要街道沿いの在町に由来する地に商店街が見られる。安芸市、

【注】この項目の内容は出典刊行時（2019年）のものです

香美市土佐山田町、南国市後免町、土佐市高岡、佐川町、越知町、四万十町窪川、宿毛市などの商店街で、いずれも主要道路に沿った単線型の小規模なものであるが、商店街としての景観を持っていた。安芸、佐川、窪川、宿毛は、江戸期に士族が配された土居町に隣接しており、土佐山田町、後免町は高知平野東部の開発に伴って建設された町場に由来する。その他、東部の土佐浜街道沿いの赤岡、田野、奈半利、室津（室戸市）などの商店街は、地元の商店街として親しまれ、歴史的に見るべきものもあって興味深いが、人口減少や高齢化、郊外店の進出などによる影響は大きく、商店の連続性が薄れたものが多い。

　山間部には商店が数店程度のごく小規模な商業地が存在し、地域住民だけでなく、一時的に流入してきたダム工事従業者などの消費需要に対応してきたが、1970年代後半になると、人口減少、高齢化が深刻になり、加えて公共交通の縮小も進み、商業地はいずれも消滅の危機にみまわれた。このような地域では、縮小する小売り機能に対して早くから移動販売が行われていたが、それも限界にある。いわゆる「限界集落」が多く、広い範囲に買い物弱者が存在する高知県にとっては、小規模な集積地が果たす役割を考え、商業中心地と住民をいかにつなぐかを検討することは喫緊の課題になっている。

行ってみたい商店街

高知市中心商店街（高知市）

―観光立県の県都の中心商店街―

　はりまや橋付近から西に広がる、東西約1km、南北200mの範囲の高知市の中心商業地区で「よさこいタウン」とも呼ばれる。高知駅前から南に800mほど行くと、東側に木造アーケードが興味深いはりまや橋商店街（旧中種）の入口がある。反対側には京町商店街と壱番街のアーケードがあり、その先は新京橋商店街、帯屋町商店街とアーケード商店街が続き、途中で中の橋通り、大橋通りと交わり、帯屋町の南には並行しておびさんロードがある。帯屋町商店街の西から徒歩約5分で高知城追手門に達する。

　その中心的存在が帯屋町商店街で、約500mのアーケードの両側には買回り品店などが並び、2008年までは県下最高地価点もこの商店街にあった。江戸時代には武家地であったが、明治になって東京に移住した士族の屋敷跡地に商店が並び始め、後に中心商店街になった。京町、新京橋商店街付近は、城下町時代は武家地と町人地の境界に位置し、堀詰（現・中央公園）と呼ばれるあたりが戦前は最も賑わった。現在も核店舗の1つ大丸百貨店が立地し、サンゴなどの観光土産物店もあり、観光客の往来も多い。帯屋町と中の橋通りの交差する地点に、1980年、ダイエーの都心型店舗が進出したが、2005年に撤退した。おびさんロードは1994年に街路整備されたオープンモール商店街で、衣料品店や飲食店が立地し、帯屋町商店街との間は路地で抜けられるようになっている。中心商店街の西端に位置する大橋通りは、鮮魚や海産物、青果を扱う有名店が並び、高知の台所となっていたが、移転、閉鎖する商店も多い。

　郊外化の影響を受けて、中心商店街でも空き店舗が増加し、老舗の移転も見られる。特に、2000年のイオンの進出による打撃は大きく、空き店舗の増加が目立つようになり、商店街の活性化、回遊路の形成が課題となっている。1998年商店街の西北端に「ひろめ市場」がオープンしたことは、新しい核店舗の出現として、活性化につながることが期待されている。名前は、江戸時代この地に家老・深尾弘人の屋敷地があったことにちなんで付けられたもので、土佐の食材を扱う飲食店が主体で、調理されたものを食することもできるフードコートも設けられており、特に週末には多くの観光客で賑わっている。中心商店街の北、追手筋では、日曜日ごとに車道

Ⅳ　風景の文化編　　145

南半分を歩行者天国として、朝から夕刻まで約420店の露店が並ぶ（日曜市）。野菜や果物など地元農家の出店が多く、特産物の宅配便も受け付けており、高知観光の1つとして人気がある。また、商店街に隣接する小学校が廃校になった跡地に県立図書館の建設が進められており、観光資源の開発だけでなく都心という地の利を活かした新しい核施設の建設も進められている。これらの施設を活かして回遊路を形成し、賑わいを取り戻すための商店街の取組み、発奮が必要である。

京町商店街、一条・天神橋商店街（四万十市）
　―おかみさんが手をつなぐ商店街―

　県西部（幡多地方）の中心都市、四万十市中村の広域型商店街。中村は室町時代にこの地に移ってきた一條氏が建設した町で、土佐の小京都と呼ばれる。古い街並みはほとんど見られないが、碁盤目状の道路網の骨格は一條氏時代に建設されたものと言われており、京町商店街の中央を南北に走る道路は一條時代の地図にも見られる。昭和の初め頃まで中村一の商店街で、老舗が多く、江戸時代から続く屋号をかかげた商店も見られる。なかでも紺屋町の染物屋は、一條氏に従って京から来たと伝えられる。京町と直交する一条通りには一条商店街と天神橋商店街が伸びる。一条商店街にはかつては魚市場、青果市場があり、今も食品販売店も多く、四万十市の台所と言える。天神橋商店街は唯一アーケードのある商店街で、京町商店街に代わって最も中心的な商店街になったが、周辺に大型量販店の進出が続いたことにより買回り品店への打撃も大きく、空き店舗が増えてきた。チャレンジショップや市の関連事務所の空き店舗利用を進めており、空き店舗は減少傾向にある。一条通りの南側の大橋通りは、四万十川にかかる赤鉄橋に直結し、四万十川観光の入口に当たり、天神橋商店街との間の栄町には観光客も立ち寄る飲食店が集中する。大橋通りには、市役所や事務所と商店などが混在し、商店街としての連続性は薄いが、駐車場を備えているところが多く、周辺市町村などからの自家用車での買い物に便利である。

　商圏人口の減少、量販店の進出などによりいずれの商店街も苦戦しているなか、関係者の様々な努力が見られる。なかでも、商店街の垣根を越えておかみさんたちが結束した取組みは注目され、「新・がんばる商店街77選」にも選ばれた。各商店のおすすめ手作り品を詰めた「玉姫様の小箱」には、商店街の中ほどにある一條神社境内に湧く「お化粧の井戸」の水で清めた5円玉が「美人のお守り」として入れられており、女性観光客など

にも人気がある。

久礼大正町市場（中土佐町）
―漁師町の市場―

　高知県の中央、土佐湾に臨む中土佐町久礼は映画化もされた漫画『土佐の一本釣り』の舞台となったところで、規模は縮小したが、現在も土佐湾を漁場とした漁業が行われている。集落とそこから臨む久礼湾一帯は、2011年に漁師町としては全国初の重要文化的景観に指定された。JR土佐久礼駅から海岸に向かって徒歩約10分で、カツオの看板を掲げた市場が迎えてくれる。

　天井から大漁旗がつるされた市場内の通路の両側に、鮮魚などを扱う10軒ほどの商店が並び、市場の周辺にも商店が散見される。明治の頃に、漁師のおかみさんがトロ箱1つでその日にとれた新鮮な魚を売るようになったことに始まり、現在も、一般商店の軒先に台を並べて魚や干物を売る女性にかつての姿を見ることができる。その日の昼前に水揚げされた新鮮な魚介が売りで、午後2時過ぎに市場が最も賑わい、観光客の姿も見かけられる。藁でいぶしてカツオのたたき造りを実演している店もあり、市場内の食堂で新鮮な魚などを食することもできる。古くは「地蔵通り」と呼ばれていたが、1915（大正4）年に一帯が火災で焼失した際に大正天皇から復興費が下賜されたことにより町名を「大正町」と変え、市場名も大正市場となった。洗練された近代的商店街からはほど遠いが、漁師町の商店街発生の雰囲気を感じることのできる場所である。

安芸本町商店街（安芸市）
―「商い」にチャレンジする商店街―

　県東部、安芸市の中心市街地にある商店街。江戸時代、家老が置かれ、現在も武家屋敷が残る土居は商店街の北約2kmにある。海岸沿いの土佐東街道（土佐浜街道）沿いに形成された町場が本商店街の起源で、商店街南の通りを中心に高知独特の水切り瓦が壁面にある土蔵も見られる。国道55号線の南側に位置する商店街には60店ほどの店舗が並び、なかには江戸時代末から続く商店もあるが、店舗数は減少傾向にある。1989年に振興組合を結成し、活性化に向けてチャレンジショップ事業や様々なイベントなどに取り組んできたが、2002年に開通した土佐くろしお鉄道ごめん・なはり線の駅に「安芸駅ぢばさん市場」が併設されたことや、国道55号

線北側に量販店が進出するなど、商業環境の厳しさが続いている。

　そのようななか、2008年に商店街振興組合が始めた「商い甲子園」は、ほかに例を見ない取組みとして注目される。名称は、「商い」で名をなした三菱財閥創始者・岩崎弥太郎が安芸市出身であることから付けられたもので、高校生がチームを結成して、商店街の通りに設営された仮設店舗でチームごとに設定したテーマに沿った商品を販売するもので、2017年には県内外から16校23チームの参加があった。一方で、地元商店主も希望者に対して「商い実践講座」を開講しており、生徒の学びの場となっているだけでなく、参加校それぞれによる地域活性化にもつながることが期待されている。また、中山間地域が広く、高齢者の買い物弱者が増加していることから、2013年には現地に出かけて物品販売や触れ合いの場を提供する「本町出張商店街」を、2016年には地元スーパーマーケットと連携した「移動販売事業」を始めた。このような取組みが評価されて、2017年に中小企業庁の「はばたく商店街30選」に選ばれた。

> ### コラム
>
> **高知の日曜市**
>
> 　高知市では毎週日曜日に、高知城から東に伸びる追手筋の南側約1.3kmを歩行者天国にして日曜市が開催される。300年以上の歴史があり、曜日を替えて市内4カ所で開催される街路市のなかで最も規模が大きい。野菜、果物をはじめ植木、古道具などを扱う露店が400店以上出店しており、市民の購買の場であり、生産者と消費者のコミュニケーションの場となってきた。近年は、観光客にも人気の観光資源にもなっている。日曜市の特徴として、午前中だけ開催される輪島や高山の朝市とは異なり、夏期は5時から18時まで（冬期は5時〜17時30分）開催される。市の立つ通りは商店街ではないが、中心商店街と共存して賑わいを創出してきた。明治時代には、帯屋町筋が街路市を誘致して成長したと言われている。
>
> 　全国各地の市は、その歴史や開催場所、時期、時間帯など様々であるが、いずれも商店街となんらかの関係を持ってきたと言える。伝統的な市だけでなく、土曜夜市のように、商店街が活性化のために新しく始めた市もある。

花風景

足摺岬のヤブツバキ

地域の特色

　県最高峰瓶ヶ森（1,696メートル）を擁する四国山地が県の大部分を占め、南の室戸岬と足摺岬の間に太平洋の土佐湾を抱いている。四国山地から南流する物部川、仁淀川などが高知平野をつくり、四万十川が中村平野をつくり、土佐湾に注いでいる。四国山地と太平洋は交通の障壁で、発展を阻害してきた。古代から紀貫之の『土佐日記』（935年頃）で知られ、近世に大名山内一豊が土佐の国に入り、高知城を築き、以後近代まで山内氏が統治し、現在も高知が中心都市である。太平洋側の暖温帯の気候である。

　花風景は、高知県出身の植物学者牧野富太郎にちなむサクラ名所や植物園・都市公園のサクラ名所、モネの庭を再現した草花、里地里山の草花や花木などの他、海岸の花木や山地の山野草も特徴的である。

　県花は県民投票と選定委員会によって選ばれたヤマモモ科ヤマモモ属の常緑樹のヤマモモ（山桃）である。雌雄異株で雌花と雄花とがあり、共に穂のような小さく赤い花が咲き、雌花には真っ赤な果実を結ぶ。甘酸っぱい果実は食用になる。温暖な海岸の山地などが適地で、高知県には多く自生している。西日本では庭園、公園などにも植栽されている。

主な花風景

牧野公園のサクラ　＊春、日本さくら名所100選

　牧野公園は高知市から少し西にある佐川町内、JR佐川駅から南西400メートルほどに位置する。公園ではソメイヨシノだけでなく、牧野富太郎が命名したセンダイヤやワカキノサクラなど、10種以上のサクラを楽しむことができる。

　牧野公園は1920（明治35）年、佐川出身の植物学者の牧野が東京からソメイヨシノの苗を送り、地元の有志たちが奥の土居（現牧野公園）に植え

凡例　＊：観賞最適季節、国立・国定公園、国指定の史跡・名勝・天然記念物、日本遺産、世界遺産・ラムサール条約登録湿地、日本さくら名所100選などを示した

たことが一つの契機となった。14（大正 3）年には大正天皇即位の御大典
記念事業として、奥の土居をはじめ、町内全域にソメイヨシノ 1,300 本が
植樹された。大正末期から昭和10年代にかけてサクラは見頃となり、大勢
の花見客で賑わった。しかし、戦時中の食料増産の他、台風被害、樹木の
老齢化などにより、サクラはほとんどなくなってしまった。56（昭和31）年、
奥の土居を復活させるべく、商工会を中心に地元の人が立ち上がり、1,000
本以上のサクラの苗を植えた。58（同33）年には公園内の道路が完成し、「牧
野公園」と名付けられた。中腹には牧野の墓があり、近くには牧野夫人の
名前「寿衛子」から名付けられたスエコザサが植えられている。

　2008（平成20）年に老朽化したサクラの再生事業が開始された。また、
牧野にちなんだ四季折々の草花も楽しめるようにと、14（同26）年度から
10カ年計画でリニューアル事業が進められている。「みんなで育てる公園」
をモットーに、購入に頼らず、種から育てた苗を植栽する活動が地域住民
によって行われている。その中心的な役割を担っているのが「はなもり
C-LOVE」である。10（同22）年頃から活動を始め、15（同27）年頃、「はな
もり C-LOVE」に名称変更されたという。

　現在、牧野公園では牧野ゆかりの植物であるバイカオウレンの他、ヤマ
トグサ、フクリンササユリ、ノジギクなど牧野が命名した植物やオキナグ
サなど希少な植物を見ることができる。

鏡野公園のサクラ　　＊春、日本さくら名所 100 選

　鏡野公園は高知市の北東・南国市にある JR 土佐山田駅から東北東約3.5
キロの所に位置する。公園にはソメイヨシノやヤエザクラなどが見られ、
運動広場の周囲には「サクラの園」が広がる。圧巻は何といっても隣接す
る高知工科大学との間にある全長200メートルを超えるサクラのトンネル
である。

　鏡野公園は1978（昭和53）年 5 月に開催された第29回全国植樹祭を記念
し、県内で 4 番目の都市公園として設置された。鏡野公園は、明治時代に
設置された三つの公園（高知公園、五台山公園、種崎千松公園）のように
設置後に都市公園になったものと異なり、56（同31）年に制定された都市
公園法に基づき県内で初めて整備された都市公園である。面積は5.4ヘク
タールで「四国のみち」のルートの一つ「龍河・弥生文化のみち」の終点に

もなっている。このルートは四国霊場第28番札所である大日寺から天然記念物と史跡に指定されている龍河洞を経由し、長さは9.5キロである。

「四国のみち」は正式名称を「四国自然歩道」といい全国に整備されている長距離自然歩道の一つで、全長約1,546キロ、起点は徳島県鳴門市、終点は徳島県板野町である。四国霊場の他、各地の自然や文化に親しみながら歩いて四国を一周することができる。

北川村「モネの庭」マルモッタンのスイレン　＊春・夏・秋

「モネの庭」は高知県東部・北川村にある。《睡蓮》などで知られる印象派の巨匠クロード・モネが43歳から生涯の半分を過ごしたというフランス北部のジヴェルニーにある庭と邸宅への想いが北川村に再現された。

「モネの庭」を代表するスイレンは4月末頃から10月末頃まで楽しむことができる。スイレン以外にも、チューリップ、フジ、バラ、ガウラ、ダリア、マリーゴールドなど季節の花が次々と咲き競う。

「モネの庭」への道は平坦ではなかった。高齢化と過疎化が進行するなか、ユズ産業を基幹として村おこしを目指すも1996（平成8）年には計画の大幅な縮小と新たな事業への展開を余儀なくされた。こうした状況の中で、地域の特性を生かした観光と文化の拠点づくりのためにフラワーガーデンに方針を変更して実現させた。開園は2000（同12）年である。1999（同11）年秋には、当時の村長がフランスを訪問し、「モネの庭」やモネ財団の管理機関であるアカデミー・デ・ボザールの終身書記・アルノー・ドートリヴ氏から「モネの庭」マルモッタンとして名称使用の許可を得た。マルモッタンは、《印象・日の出》などモネ作品のコレクションで知られるマルモッタン・モネ美術館に由来する。

高知県立牧野植物園の牧野富太郎ゆかりの植物　＊春・夏・秋・冬

牧野植物園はJR高知駅から南東約3.7キロ、五台山（131メートル）の山頂近くにある。展示館中庭では、牧野富太郎ゆかりの植物など約250種類、3,000株が植えられており、四季を通じて花を楽しむことができる。牧野が和名と学名を付けたヤマトレンギョウ、ヤマトグサ、ヒメキリンソウ、アリマグミ、ヨコグラノキ、オウゴンオニユリ、シナノアキギリ、ヤナギノギク、ヤマヒヨドリバナ、ノジギク、シロバナヤブツバキ、ツルゴカヨウ

Ⅳ　風景の文化編　151

オウレンのほか、牧野が学名を付けた植物などが、鉢展示を含めて折々に花を付けていく。大久保三郎と一緒に牧野が学名を付けたヤマトグサは、日本の出版物における初の新種発表だった。

高知県立牧野植物園は「日本植物分類学の父」とされる牧野富太郎博士の功績を広く世の中に知ってもらうため、博士が亡くなった翌年の1958（昭和33）年4月に開園した。面積は約6ヘクタールである。99（平成11）年には敷地面積を拡張し、植物に関する教育普及や研究の拠点・牧野富太郎記念館が新設された。この記念館の設計により、内藤廣は第13回村野藤吾賞を受賞している。また、環境省と（公社）日本植物園協会の間で締結された「生物多様性保全の推進に関する基本協定書」に基づき、絶滅のおそれのある野生植物の生息域外保全事業などに取り組んでいる。

入田ヤナギ林のナノハナ　＊春

入田ヤナギ林は高知県西部を流れる四万十川の下流域、四万十市に広がる。春になると、1,000万本のナノハナが咲き、黄色い絨毯を一面に敷き詰めたような風景が広がる。

この風景には、地域の60以上の団体で構成される四万十川自然再生協議会（事務局・国土交通省四国地方整備局中村河川国道事務所）をはじめ、学識者、漁業協同組合、地元地区などが一体となって進める「四万十川自然再生事業」が関わっている。人と自然とが共生できていた昭和40年代の風景の保全・再生を目指すもので、入田地区では「アユの瀬づくり」が行われている。河畔に樹林が拡がり、瀬が狭くなってきたことから、アユの産卵場となる瀬や広い礫河原の再生を目的に、2002（平成14）年度から09（同21）年度にかけて河畔の樹木や竹の伐採・間伐を行った。間伐して日当たりが良くなったヤナギ林などでは、その後、ナノハナが自然に見られるようになったという。

帰全山公園のシャクナゲ　＊春

帰全山公園は高知県北部・嶺北地域の中央部・本山町役場近く、吉野川が大きく右に蛇行して半島状に突き出た場所にある。江戸時代の政治家で南学者としても知られている野中兼山が、母の秋田夫人をこの地に埋葬する際、山号を依頼した儒学者の山崎闇斎によって帰全山と命名された。中

国の古典の中の「父母全うしてこれを生み、子全うしてこれを帰す、孝と謂うべし」という言葉からきているという。儒学の一つである朱子学の一派の南学は土佐の国で興った。

公園は春になると3万本ものシャクナゲが咲き誇りピンク色に染まり、その様子から別名「シャクナゲ公園」とも呼ばれている。本山町教育委員会が設置した現地の「帰全山の由来」解説板には、シャクナゲは「町内の篤志家によって自生石楠花を移植」とある。

帰全山公園の土地は1905（明治38）年に本山村が買収し、日露戦争記念帰全公園として開園した。白髪山県立自然公園にも指定されている。

足摺岬のヤブツバキ　　*冬、足摺宇和海国立公園

足摺岬は四国の最も南、半島状に突き出た地形の突端にある。岬には灯台が立つ。足摺に自生するヤブツバキの数は、半島全体で約15万本、岬の先端だけで約6万本といわれている。歩道沿いの密生した場所ではトンネル状のヤブツバキを楽しむことができる。

足摺岬は足摺宇和海国立公園を代表する風景地である。真っ青な海と花崗岩の断崖絶壁に立つ白い灯台が見事なコントラストをみせる。冬には真っ赤なツバキの花が彩りを添える。

近年、メダケの繁殖などのため、ヤブツバキが衰退しつつあり、環境省、土佐清水市、観光協会、「足摺岬の自然を守る会」などが高知県立牧野植物園の協力を得て再生を進めている。

大豊町のフクジュソウ　　*冬・春

大豊町は高知県の北東部に位置し、香川県と隣接している。

フクジュソウは春の到来が近いことを知らせてくれるかのように花を咲かせる。3センチほどの黄色い小さな花は可憐である。また、雪の中で咲く花に日光が当たり黄金色に輝く様は、まばゆいほどに美しい。漢字で「福寿草」と書き、縁起のいい花として、お正月の鉢花として飾られる。

大豊町南大王では、南斜面約2ヘクタールの土地に5万株以上のフクジュソウの花が咲く。かつて乱獲されて少なくなったが、地元の人たちが植栽を続けた成果であるという。

Ⅳ　風景の文化編　　153

公園／庭園

桂浜公園

地域の特色

　高知県は四国の南部を占める東西に細長い県で、北は四国山地で愛媛・徳島県境をなし、南は室戸岬と足摺岬の間に太平洋の土佐湾を抱いている。愛媛県境の高知県最高峰瓶ヶ森（1,696ｍ）を擁する四国山地が県の大部分を占め、四国山地から南流する物部川、仁淀川などが高知平野をつくり、四万十川が中村平野をつくり、土佐湾に注いでいる。四万十川は日本最後の清流と呼ばれ、生業などの文化的景観に優れている。隣接して流れる清流の新荘川はニホンカワウソが最後に確認された川であり、環境省は2012（平成24）年にニホンカワウソを絶滅種に指定した。高知平野の城下町高知が中心都市で県人口の多くが集中している。土佐湾は全体に単調な砂浜・磯海岸で、室戸・足摺岬が隆起地形の海岸段丘を示し、東の宿毛湾が沈降地形のリアス海岸を示している。四国山地と太平洋は交通の大きな障壁で、県の発展を阻害してきた。古代から土佐の国名は知られ、紀貫之の『土佐日記』（935年頃）は有名であり、一方、流罪の地でもあった。近世になって大名山内一豊が土佐に入り、高知城を築き、以後近代まで山内氏が統治した。幕末には郷士（農民の下級武士）などにも学問が広まり、尊皇思想が醸成され、そのなかに土佐勤王党や海援隊を組織し、薩長連合を成しとげ、大政奉還を構想した坂本龍馬がいた。土佐藩主山内容堂も大政奉還を幕府に進言した。自然公園は岬、海岸、海域が中心で海域公園地区は6地区、22カ所と多い。県立自然公園もわが国最多の18カ所を擁している。都市公園は城郭や坂本竜馬にちなむものが特徴的である。

主な公園・庭園

自 足摺宇和海国立公園足摺

　足摺は四国西南部の海岸をさし、太平洋の黒潮が洗う南部は隆起海岸で

大堂海岸のような豪壮な断崖となり、宿毛湾に臨む北部は沈降海岸で岬と
入江が複雑に連なる繊細な海岸となっている。太平洋を望む最南端には海
食崖の断崖と海食洞の洞窟からなる足摺岬が突き出し、岬はタブノキ、ウ
バメガシ、ツバキなどの照葉樹林が温暖な海岸らしい景観をつくりだして
いる。田宮虎彦の小説『足摺岬』は、絶望した主人公が足摺岬で死のうと
思い、そして、再び生の営みを始める物語であったが、岬は彼岸に通じる
道であるとともに、此岸に引き戻す壁であった。この国立公園の真価は竜
串や沖ノ島のようなサンゴの海中景観にある。1963（昭和38）年、山陰海
岸と足摺の国定公園はともに国立公園昇格をめざし、審議会に諮られるが、
日本海の山陰海岸は昇格、太平洋の足摺は保留と明暗を分け、結局、足摺
は愛媛県の宇和海と結びついて、72（昭和47）年にようやく足摺宇和海国
立公園として念願の昇格を果たす。この昇格は70（昭和45）年に発足した
海中公園地区（現海域公園地区）制度によるもので、高知・愛媛両県が9カ
所の海中公園地区を見いだしたからである（佐山、2009、pp.451〜454）。
国立公園にふさわしい資質を有すると認められたのである。

▤ 室戸阿南国定公園室戸岬　＊世界ジオパーク、名勝、天然記念物

　太平洋を望む室戸岬は隆起によって生まれた地形で、現在も隆起し続け
ている場所である。岬の西側は海岸段丘による台地と遠浅の地形を見せ、
東側は対照的に断層崖によって急崖をなし、海底も急角度で深くなってい
る。岬は黒潮に接することからアコウなどの亜熱帯の自然林が見られる。
室戸岬は1927（昭和2）年の東京日日新聞等の「日本八景」の海岸の部で1
位に選ばれている。付近では海岸に多く生育するウバメガシを原料として、
紀州備長炭と並ぶブランド土佐備長炭を生産している。海洋深層水、四国
八十八箇所巡りの寺院、台風の上陸地点などでも知られている。

▤ 四国カルスト県立自然公園四国カルスト

　四国カルストは愛媛県と高知県にまたがり、ともに県立自然公園に指定
されている。公園の面積は愛媛県が多いが、指定は高知県が若干早い。秋
吉台、平尾台と並ぶ日本三大カルストの一つである。天狗高原や地芳峠の
草原に白い石灰岩柱のカレンとくぼ地のドリーネが点在している。四国カ
ルストの南には四万十川源流部の不入山（1,336m）がある。土佐藩（現高

知県）時代、保護のため「お留山」といわれ、入山禁止の山となっていた。

都 高知公園　＊史跡、重要文化財、日本の歴史公園 100 選

　高知平野のほぼ中央に標高44.4ｍの大高坂山がある。この地には中世より城が築かれていたらしいが、詳細は不明である。ここに天正年間、長宗我部元親が城を築くが、今日の高知公園は、関ヶ原の合戦の結果、長宗我部に代わり土佐に転入した山内一豊が築いた城が基盤になっている。城は堀として利用した鏡川・江の口川に囲まれており、ゆえに「河中山城」と名付けられた。だが、この地は水害が多く、2代藩主忠義が「河中」の字を嫌ったため「高智山城」と改名された。その後「山」が省略され「高智（高知）」となり、城下町もこの名で呼ばれることとなる。地名からは、城と地域との一体性をうかがい知ることができる。

　明治に入り、この城も廃城令にさらされる。二の丸・三の丸をはじめ城内の多くの建造物が取り払われ、早くも1874（明治7）年、この地は公園設置の太政官布告に基づく「高知公園」として一般開放された。特筆すべき点は、このような廃城令や災害、戦災をくぐり抜けて、今日まで園内には天守・御殿（懐徳館）・納戸蔵・東多聞・西多聞など多くの城郭建造物が現存していることである。これらはすべて、重要文化財に指定されている。日本全国で現存天守が12あることはよく知られているが、これほど多くの城郭建造物、特に本丸周辺建造物が現存するのはめずらしい。江戸期を通じてその地方の中心であった城は、明治に入り取り壊され荒廃する。それを城址公園として整備することで、シンボルとして再生される。各地にみられるこうした流れのなかで、城址公園の旧本丸部分には往時を想起させる空白の場所が広がるか、あるいはあえて喪失した天守の復元を試みることが多い。しかし、この高知城址公園では、往時より連綿と継承されてきた建物群が軒を連ねている。この公園は、江戸時代の本丸のありようを体感できる、貴重な遺産となっているのである。建物群が撤去されて広がりのある空間となっている三の丸から二の丸を抜け、この本丸まで上がってきたとき、来園者はその落差に感銘を受けることとなる。

都 桂浜公園　＊日本の歴史公園 100 選

　高知市浦戸に位置し、太平洋に面する龍頭岬と龍王岬の間に弓状に広

がる海浜「桂浜」とその背後に広がる丘陵で構成される風致公園である。桂浜は、土佐（高知）の代表的な民謡「よさこい節」にも「月の名所は桂浜」と歌われているように、古より月見の名所として広く知られた景勝地である。また、坂本龍馬が幼少期にしばしば遊び、愛した場所としても知られ、1928（昭和3）年、高知県の青年有志の募金活動により龍頭岬に建立された坂本龍馬像は、全国の龍馬ファンが訪れる特別な場所でもある。桂浜北部に広がる丘陵には、戦国時代、本山氏によって山城の原型が築かれ、その後1591（天正19）年に長宗我部元親により大改修され、浜を望む高台に三重の天守を擁する本丸を設け、二の丸、三の丸、出丸を構えた大規模な城郭が築かれていた。以後この地は約10年間、子の盛親が関ヶ原の合戦で敗れ、代わって入国した山内一豊が高知城に移るまで、土佐国の治世の拠点であった。かつて天守が築かれた高台には、現在、国民宿舎「桂浜荘」や坂本龍馬記念館が建っている。この一帯が公園化されたのは戦後の1951（昭和26）年であり、特に71（昭和46）年に都市計画決定されて以降は、高知を代表する観光地として施設整備が進められてきた。2015（平成27）年、管理運営主体の高知市により「桂浜公園整備基本構想」が策定され、更なる魅力向上をめざした再整備が進行中である。

都 為松公園　＊日本の歴史公園100選

四万十川市街地西側に位置する高台の公園。そのルーツは、西に四万十川、東に後川を望み、中村平野を一望できる好立地にある標高約70mの丘陵に、地方豪族の為松氏が築いた平山城にさかのぼる。以後、1468（応仁2）年京都より下った前関白・一条教房が土佐の主居城として補強し、1613（慶長18）年には土佐中村藩の2代藩主山内政豊が修復した。しかし土佐の中心が高知に移るなかで、15（元和元）年に取り壊された。その後、城は修復することなく時が流れたが、1908（明治41）年この地一帯約10haを中村町が有償取得し、14（大正3）年4月町立公園「為松公園」として開園した。70（昭和45）年には都市計画公園決定がなされ、天守を模した郷土資料館など、各種公共施設が設置されて現在にいたる。

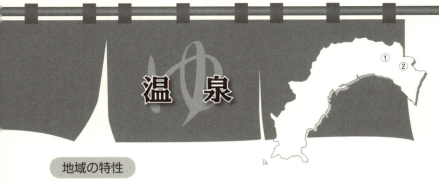

地域の特性

高知県は、四国で唯一太平洋に向かって開けた県であり、沿岸は黒潮で洗われている。温暖で南国の自然条件に恵まれ、ナス、キュウリ、ピーマンなどを中心とした施設園芸が盛んである。また、カツオやマグロの海面漁獲量が多く、特にカツオは全国4位であり、内水面漁業では、ウナギが5位である。

◆旧国名:土佐　県花:ヤマモモ　県鳥:ヤイロチョウ

温泉地の特色

県内には36カ所の温泉地が存在しており、源泉数は96カ所である。温度別にみると、25℃未満が最も多くて81％、25～42℃が18％、42℃以上が1％で温泉資源性は低い。温泉湧出量は毎分4,000ℓほどで全国46位であり、年間延べ宿泊客数は47万人で全国43位にランクされる。

主な温泉地

① 猪野沢（いのさわ）　硫黄泉

県中東部、物部川上流の永瀬ダム直下に湧く温泉であり、山峡の景観が美しく、避暑地として格好の温泉地でもある。歌人の吉井勇が、昭和の初年に4年間滞在した草庵渓鬼荘があり、現在宿泊施設として利用されている。「大土佐の　猪野沢の湯を浴む程に　心も深く澄みにけるかも」（吉井勇）。JR土讃線土佐山田駅の近くには、国指定天然記念物で史跡でもあり、日本三大鍾乳洞の一つ龍河洞がある。

交通:JR土讃線土佐山田駅、バス40分

②**馬路**　炭酸水素塩泉
_{うまじ}

　県東部、安田川上流の杉の美林が続く山峡の温泉地であり、15℃の低温
の湯が湧いていて美肌作用があるという。コミュニティセンターうまじで
の宿泊は、本館、別館、バンガローと洋室と和室の選択ができるなど宿泊
形態も多様で、格安である。その他に旅館は4軒ある。
交通：JR土讃線安芸駅、バス1時間

執筆者 / 出典一覧

※参考参照文献は紙面の都合上割愛
しましたので各出典をご覧ください

I 歴史の文化編

【遺　跡】　石神裕之　（京都芸術大学歴史遺産学科教授）『47都道府県・遺跡百科』(2018)

【国宝 / 重要文化財】　森本和男　（歴史家）『47都道府県・国宝 / 重要文化財百科』(2018)

【城　郭】　西ヶ谷恭弘　（日本城郭史学会代表）『47都道府県・城郭百科』(2022)

【戦国大名】　森岡浩　（姓氏研究家）『47都道府県・戦国大名百科』(2023)

【名門 / 名家】　森岡浩　（姓氏研究家）『47都道府県・名門 / 名家百科』(2020)

【博物館】　草刈清人　（ミュージアム・フリーター）・可児光生　（美濃加茂市民ミュージアム館長）・坂本昇　（伊丹市昆虫館館長）・髙田浩二　（元海の中道海洋生態科学館館長）『47都道府県・博物館百科』(2022)

【名　字】　森岡浩　（姓氏研究家）『47都道府県・名字百科』(2019)

II 食の文化編

【米 / 雑穀】　井上繁　（日本経済新聞社社友）『47都道府県・米 / 雑穀百科』(2017)

【こなもの】　成瀬宇平　（鎌倉女子大学名誉教授）『47都道府県・こなもの食文化百科』(2012)

【くだもの】　井上繁　（日本経済新聞社社友）『47都道府県・くだもの百科』(2017)

【魚　食】　成瀬宇平　（鎌倉女子大学名誉教授）『47都道府県・魚食文化百科』(2011)

【肉　食】　成瀬宇平　（鎌倉女子大学名誉教授）・横山次郎　（日本農産工業株式会社）『47都道府県・肉食文化百科』(2015)

【地　鶏】　成瀬宇平　（鎌倉女子大学名誉教授）・横山次郎　（日本農産工業株式会社）『47都道府県・地鶏百科』(2014)

【汁　物】　野﨑洋光　（元「分とく山」総料理長）・成瀬宇平　（鎌倉女子大学名誉教授）『47都道府県・汁物百科』(2015)

【伝統調味料】　成瀬宇平　（鎌倉女子大学名誉教授）『47都道府県・伝統調味料百科』(2013)

【発　酵】　北本勝ひこ　（日本薬科大学特任教授）『47都道府県・発酵文化百科』(2021)

【和菓子／郷土菓子】 亀井千歩子 （日本地域文化研究所代表）『47都道府県・和菓子／郷土菓子百科』(2016)

【乾物／干物】 星名桂治 （日本かんぶつ協会シニアアドバイザー）『47都道府県・乾物／干物百科』(2017)

Ⅲ 営みの文化編

【伝統行事】 神崎宣武 （民俗学者）『47都道府県・伝統行事百科』(2012)

【寺社信仰】 中山和久 （人間総合科学大学人間科学部教授）『47都道府県・寺社信仰百科』(2017)

【伝統工芸】 関根由子・指田京子・佐々木千雅子 （和くらし・くらぶ）『47都道府県・伝統工芸百科』(2021)

【民 話】 花部英雄 （元國學院大學文学部教授）／花部英雄・小堀光夫編『47都道府県・民話百科』(2019)

【妖怪伝承】 梅野光興 （高知県立歴史民俗資料館学芸員）／飯倉義之・香川雅信編、常光 徹・小松和彦監修『47都道府県・妖怪伝承百科』(2017) イラスト©東雲騎人

【高校野球】 森岡 浩 （姓氏研究家）『47都道府県・高校野球百科』(2021)

【やきもの】 神崎宣武 （民俗学者）『47都道府県・やきもの百科』(2021)

Ⅳ 風景の文化編

【地名由来】 谷川彰英 （筑波大学名誉教授）『47都道府県・地名由来百科』(2015)

【商店街】 正木久仁 （大阪教育大学名誉教授）／正木久仁・杉山伸一編著『47都道府県・商店街百科』(2019)

【花風景】 西田正憲 （奈良県立大学名誉教授）『47都道府県・花風景百科』(2019)

【公園／庭園】 西田正憲 （奈良県立大学名誉教授）・飛田範夫 （庭園史研究家）・井原 縁 （奈良県立大学地域創造学部教授）・黒田乃生 （筑波大学芸術系教授）『47都道府県・公園／庭園百科』(2017)

【温 泉】 山村順次 （元城西国際大学観光学部教授）『47都道府県・温泉百科』(2015)

索　引

あ 行

青すじ海苔	96
青海苔(ヒトエグサ)	96
安芸(名字)	47
安芸氏	28
安芸市	3
安芸城	24
安芸本町商店街	146
朝倉城	24
足摺宇和海国立公園足摺	154
足摺岬	5, 139, 154
足摺岬のヤブツバキ	153
小豆	52
小豆せんべい	95
有光氏	28
五百蔵(いおろい／名字)	47
五百蔵氏	28
伊賀家	35
筏羊羹	95
池川神社	108
池田家	36
板彫真言八祖像	19
イチジク	61
一条氏	7, 28
一条・天神橋商店街	146
伊都多神社	106
いとこ煮	79
田舎ずし	53
犬神	123
猪野沢	158
イノシシのチャーシュー	68
伊野商(高)	129
芋ケンピ	95
伊予カン	60
伊与木氏	29
伊与田氏	29
入交(名字)	48
入交家	36
祝いの膳	64
内原野焼	134
馬路	159
馬路村	139
浦戸一揆	8, 25

浦戸城	24
うるち米	51
江口家	36
恵比寿神社	106
猿猴	123
オウゴンカン	59
大川黒牛	67
大黒氏	29
大つぶ	94
大豊町のフクジュソウ	153
大原富枝文学館	41
大平氏	29
おかず味噌	82
岡豊城	25
お茶屋餅	95
尾戸焼	133
御田八幡宮	106

か 行

海洋深層水を使った素材調味料のソース	83
海洋深層水を使ったポン酢	83
鏡野公園のサクラ	150
カキ	60
柿巻き卵	62
加久見氏	29
掛水(名字)	46
片岡氏	30
カタクチイワシの料理	65
カツオ	5
カツオ粗汁	78
かつお茶漬け	65
松魚つぶ	94
カツオのたたき	65, 84, 88
鰹節	86
桂浜公園	156
桂浜水族館	40
鎌田用水	53
かも鍋	71
川崎家	36
カワチバンカン	59
変わりぜんざい	94
カンバ餅	93
きじ丼	71

きじ鍋	71
キジ肉	74
キジ料理	69
帰全山公園のシャクナゲ	152
北川氏	30
北川村「モネの庭」マルモッタンのスイレン	151
キビナゴ丼	53
キビナゴのほおかぶり	88
旧魚梁瀬森林鉄道施設	21
京町商店街	146
吉良氏	30
吉良川の御田祭	54
ギンナン	59
吟の夢	52
国沢(名字)	46
窪川氏	30
窪川ポーク米豚	67
クリ	61
久礼大正町市場	146
久礼八幡宮大祭	54
下司(名字)	46
ケチ火	123
ケンピ(犬皮)	57, 91, 92
碁石茶	87, 97
こうしめし	88
香宗我部氏	7, 31
高知追手前高	129
高知県立高知城歴史博物館(城博)	40
高知県立坂本龍馬記念館	41
高知県立のいち動物公園	42
高知県立牧野植物園	39
高知県立歴史民俗資料館	40
高知高	129
高知公園	156
高知南	3
高知市中心商店街	145
高知商(高)	129
高知城	25
高知市立自由民権記念館(時間の郷)	41
河内山	3
幸徳(名字)	46

香南市	3	焼酎	86	長宗我部氏	7, 31, 35
ゴギャナキ	123	定福寺	107	長宗我部元親像	20
古今和歌集巻第廿（高野切		醤油	76, 82, 86	つがに汁（そうめん入り）78	
本）	3	食塩	76, 82	津野氏	32
こけら	53	ジョン万次郎	9	吊り上げモッコウ	124
こけらずし	88	白髪神社	107	手結盆踊	102
コシヒカリ	51	不知火	60	テギノガエシ	125
古津賀遺跡	15	しるこ	78	天竺氏	32
五藤家	36	城武（名字）	48	天満宮	110
小蓮古墳	16	秦泉寺（じんぜんじ／名字）		十市氏	32
小麦	52		47	心太	94
後免	140	森林面積割合	2	土佐維新バーガー	72
ごりの卵とじ	79	スイカ	61	土佐打刃物	113
惟宗氏	31	スイレン	151	土佐勤王党	9
コロンブスの茶卵	74	須賀神社	109	土佐くろしお鉄道	9
		宿毛貝塚	13	土佐高	130
さ 行		宿毛市	3	土佐国分寺跡	17
西原（名字）	46	宿毛市立宿毛歴史館	42	土佐市	3
酒蔵桂月館	88	須崎市	3	土佐鹿料理	69
坂本龍馬	5	スダチ	59	土佐ジロー	68, 73
坂本龍馬記念館	41	スモモ	60	土佐ジローの卵	73
サクラ	149, 150	製塩	82	土佐ジロープリン	72
佐竹氏	31	セトカ	59	土佐神社の斎籠祭と志那禰	
皿鉢料理	6, 64	仙頭（名字）	46	祭	101
皿鉢料理とそうめん	57	宗円（名字）	48	土佐神社本殿、幣殿及び拝	
サンショウ	59	宗田節	83, 87	殿	21
山椒餅	93	増長天立像・多聞天立像19		土佐凧	115
三宮（名字）	46	ソース	83	土左日記（銘菓）	94
鹿肉プロジェクト	69	曽我山古墳	16	『土佐日記』	7
四ヶ村溝	52	そば	52	土佐の諸神楽	103
四国カルスト県立自然公園		そばもち	56	土佐はし拳	88
四国カルスト	155			土佐はちきん地鶏	68, 73
シシ鍋	68	**た 行**		土佐備長炭	114
七人みさき（ミサキ）	119,	泰作話	118, 121	土佐巻	53
124		大豆	52	土佐和牛	67
七面鳥	74	ダイダイ	60	土佐和紙	112
芝天	124	タイのたま蒸し	65	どぶろく	87
しばもち	57	ダイバ	124	豊永氏	33
四万十川	4, 140	高島家	37	虎斑竹細工	113
四万十川の伏流水	82	鷹取キムチ	87	どろめの汁	78
四万十市	3	武市（名字）	47	どろめの澄まし汁	78
四万十鶏	73	竹の皮	97	どろめの卵とじ	72
シャクナゲ	152	竹村家	37	どろめ祭り	88
しゃもすき鍋	71	だし	83	どろめ料理	65
ジャン	124	脱藩定食	71	どろんこ祭り	54
自由民権記念館	41	谷家	37		
酒造ギャラリー	89	田野焼	134	**な 行**	
酒盗	65, 83, 87	田村遺跡群	14	中村高	130
勝賀瀬（名字）	48	為松公園	157	中村城	26
生姜漬け	87	千頭（名字）	47	ナシ	60
醸造用米	51	忠華司・中菓子	95	茄子取神事	102

索　引　163

なすのそうめん煮	57	深尾家	37	物部	142
ナツミ	59	福岡家	38	桃	60
ナノハナ	152	フクジュソウ	153	百手祭	54

や 行

奈半利	141	ぶっかけだし酢	83		
奈半利焼	134	ブドウ	61	夜行	126
南海地震	2,6	不動ヶ岩屋洞窟遺跡	13	八代農村歌舞伎	54
南国市	3	豊楽寺薬師堂	4,20	八代八幡宮	108
南部氏	33	ブルーベリー	61	安岡氏	34
にこまる	51	古柚	125	安田焼	134
日本酒	86	不老長寿の妙薬	120	八面王	126
日本ナシ	60	ブンタン	58	ヤナセスギ	4
若一王子宮	107	弁天池	52	やなせたかし記念館	3
入田遺跡	14	ぼうしパン	72	山犬	126
入田ヤナギ林のナノハナ		宝石珊瑚	114	ヤブツバキ	153
	152	棒振り	126	山内一豊	8
糠味噌汁	78	ほしかだんご	56,94	山内家	38
のいち動物公園	42	ほしかもち	56	山内容堂	9
能茶山焼	133	細川氏	7	山崎家	38
ノガマ	125	ボラの料理	65	山爺	126
ノツゴ	125	ポンカン	59	山女郎	127
野根まんじゅう	90,95	ポン酢しょうゆゆずの村	62	山田氏	34
野根山街道	91			山田堰井筋	52

は 行

ま 行

				山の神と乙姫さま	118
パインアップル	61	牧野公園のサクラ	149	ヤマモモ	4,61
波川氏	33	牧野植物園	39	山姥	127
白鳳地震	6	牧野富太郎	4	ユズ	58
半家	141	牧野富太郎ゆかりの植物		ゆずしぼり	62
狭間遺跡	15		151	柚子酢	83
畑山氏	33	松ノ木遺跡	14	柚子味噌	87
はちきんカレー	72	マンゴー	60	湯ぼら	65
ハッサク	60	ミカン	60	横倉山自然の森博物館	42
花餅	94	みかんずし	62	横波三里の海坊主	119
浜渦（名字）	47	みかんもち	62	横山氏	34
播磨糸長	117	三嶋神社	108	横山隆一記念まんが館	41
春・秋山菜汁	78	味噌	76,82,86	よさこい節	5
ハルカ	59	道の駅四万十とおわ	62	よさこい祭	102
ハルミ	60	妙本寺	109	吉田氏	34
ハレヒメ	59	鞭	126	夜雀	127
ひえ入り栗ごはん	62	室戸阿南国定公園室戸岬			

ら 行

ひきごもち	57		155		
ヒキゴ餅	93	室戸高	130	リーブル	87
びす汁	78	室戸市海洋生物飼育展示施		立志社	9
ヒダルガミ	125	設むろと海の学校（むろ		リンゴ	60
ヒノヒカリ	51	と廃校水族館）	42	レモン	60
ひめいちとみかんの辛子煮		室戸岬	5,155		

わ 行

	61	明徳義塾高	130		
ヒュウガナツ	59	メロン	61	和食（わじき／名字）	48
ヒルマン坊主	125	目代（名字）	47	笑い女	127
広瀬遺跡	14	もち米	51		
ビワ	60	本山氏	33		

47都道府県ご当地文化百科・高知県

令和6年10月30日　発行

編　者　丸　善　出　版

発行者　池　田　和　博

発行所　丸善出版株式会社
〒101-0051 東京都千代田区神田神保町二丁目17番
編集：電話（03）3512-3264／FAX（03）3512-3272
営業：電話（03）3512-3256／FAX（03）3512-3270
https://www.maruzen-publishing.co.jp

© Maruzen Publishing Co., Ltd. 2024

組版印刷・富士美術印刷株式会社／製本・株式会社 松岳社

ISBN 978-4-621-30962-9　C 0525　　　　　Printed in Japan

JCOPY〈（一社）出版者著作権管理機構　委託出版物〉
本書の無断複写は著作権法上での例外を除き禁じられています．複写
される場合は，そのつど事前に，（一社）出版者著作権管理機構（電話
03-5244-5088, FAX 03-5244-5089, e-mail：info@jcopy.or.jp）の許諾
を得てください．

【好評既刊 ● 47都道府県百科シリーズ】
(定価：本体価格3800〜4400円＋税)

47都道府県・**伝統食百科**……その地ならではの伝統料理を具体的に解説

47都道府県・**地野菜/伝統野菜百科**……その地特有の野菜から食べ方まで

47都道府県・**魚食文化百科**……魚介類から加工品、魚料理まで一挙に紹介

47都道府県・**伝統行事百科**……新鮮味ある切り口で主要伝統行事を平易解説

47都道府県・**こなもの食文化百科**……加工方法、食べ方、歴史を興味深く解説

47都道府県・**伝統調味料百科**……各地の伝統的な味付けや調味料、素材を紹介

47都道府県・**地鶏百科**……各地の地鶏・銘柄鳥・卵や美味い料理を紹介

47都道府県・**肉食文化百科**……古来から愛された肉食の歴史・文化を解説

47都道府県・**地名由来百科**……興味をそそる地名の由来が盛りだくさん！

47都道府県・**汁物百科**……ご当地ならではの滋味の話題が満載！

47都道府県・**温泉百科**……立地・歴史・観光・先人の足跡などを紹介

47都道府県・**和菓子/郷土菓子百科**……地元にちなんだお菓子がわかる

47都道府県・**乾物/干物百科**……乾物の種類、作り方から食べ方まで

47都道府県・**寺社信仰百科**……ユニークな寺社や信仰を具体的に解説

47都道府県・**くだもの百科**……地域性あふれる名産・特産の果物を紹介

47都道府県・**公園/庭園百科**……自然が生んだ快適野外空間340事例を紹介

47都道府県・**妖怪伝承百科**……地元の人の心に根付いた妖怪伝承とはなにか

47都道府県・**米/雑穀百科**……地元こだわりの美味しいお米・雑穀がわかる

47都道府県・**遺跡百科**……原始〜近・現代まで全国の遺跡＆遺物を通観

47都道府県・**国宝/重要文化財百科**……近代的美術観・審美眼の粋を知る！

47都道府県・**花風景百科**……花に癒される、全国花物語350事例！

47都道府県・**名字百科**……NHK「日本人のおなまえっ！」解説者の意欲作

47都道府県・**商店街百科**……全国の魅力的な商店街を紹介

47都道府県・**民話百科**……昔話、伝説、世間話…語り継がれた話が読める

47都道府県・**名門/名家百科**……都道府県ごとに名門/名家を徹底解説

47都道府県・**やきもの百科**……やきもの大国の地域性を民俗学的見地で解説

47都道府県・**発酵文化百科**……風土ごとの多様な発酵文化・発酵食品を解説

47都道府県・**高校野球百科**……高校野球の基礎知識と強豪校を徹底解説

47都道府県・**伝統工芸百科**……現代に活きる伝統工芸を歴史とともに紹介

47都道府県・**城下町百科**……全国各地の城下町の歴史と魅力を解説

47都道府県・**博物館百科**……モノ＆コトが詰まった博物館を厳選

47都道府県・**城郭百科**……お城から見るあなたの県の特色

47都道府県・**戦国大名百科**……群雄割拠した戦国大名・国衆を徹底解説

47都道府県・**産業遺産百科**……保存と活用の歴史を解説。探訪にも役立つ

47都道府県・**民俗芸能百科**……各地で現存し輝き続ける民俗芸能がわかる

47都道府県・**大相撲力士百科**……古今東西の幕内力士の郷里や魅力を紹介

47都道府県・**老舗百科**……長寿の秘訣、歴史や経営理念を紹介

47都道府県・**地質景観/ジオサイト百科**……ユニークな地質景観の謎を解く

47都道府県・**文学の偉人百科**……主要文学者が総覧できるユニークなガイド